PARTNERS' BOOK FOR YOUNG TEACHERS

若い先生のパートナーズBooK

学級経営

子ども集団を束ねる鉄板スキル10

柳 圭一 著

はじめに

数ある学級経営に関する書籍、そして、教育界のメジャーリーガー級の方々が多く執筆されている、「若い先生のパートナーズ BooK」シリーズの中から、本書「子ども集団を束ねる10の鉄板スキル」を手にとっていただきありがとうございます。

私は、千葉県の公立小学校で学級担任をしている柳 圭一（やなぎ けいいち）と申します。

本書を手に取られた方は、集団を束ねることにお困りの方と思います。私が学級経営への関心が高まったのは、まさに学級経営でうまくいかなかったことがきっかけでした。学級経営は、先輩がやっていることを聞いて自分なりの方法にアレンジする、ということが中心でしたが、書籍を購入し学ぶことで、実践の幅が広がったように思います。

みなさんは、どのような「集団」を目指されていますか。言い換えれば、どのような集団が「よい集団」と思われるでしょうか。先生の言うことをよく聞き、なんでもテキパキとできる集団でしょうか。

学級担任としての一番の仕事はなんでしょうか。学校の教師であれば、もちろん授業をすることも仕事の一つです。年間 1000 時間近くの授業を通して、子どもたちが必要な力が身につくように指導していくことです。しかし、学校生活は、授業だけをする場ではありません。30 名前後の集団が、８時頃から 15 時頃までの長い時間、生活を共にする場なのです。１年間、子どもたちが安心して過ごすことができ、成長できる居場所づくり、それが担任の大きな仕事です。子どもたちが伸び伸びと自分らしさを発揮できる集団が、「よい集団」の姿だと考えます。

集団づくりの本とはいえ、専門的な研究者ではなく実践者ですので、日々の実践の中には成功例だけでなく失敗例も多くあります。そんな一学級担任が書く本書では、誰でも取り組めるような「すぐできそう」な実践ばかりを集めました。実は誰もがやっているような、毎日続けられる実践こそが、教師としての自分を形作っていくと言っても過言ではありません。

学級担任は、毎年１年間という限られた時間で子どもを育てていきます。この本を手に取られたみなさんが、１年間の様々な場面で大切にしてほしい「子ども集団を束ねる10の鉄板スキル」を、私が実際にしてしまった失敗談も踏まえながら、具体的な実践例を踏まえて紹介していきます。

これまで、当たり前のように行なってきたことを、本を書くにあたって言語化してみました。これから教師人生をスタートするみなさんや、すでに教師としての人生をスタートしたものの集団を束ねるのに悩まれているみなさんのお役に立てるのではないかと考えています。

ぜひ読者の皆さんも、本書を手に、先生と子どもたちの一生に一度しかないその一年間を、かけがえのない一年間にするための集団づくりを行っていただければ幸いです。学級担任の１年間は、ゴールを目指して広い海を航海するクルーズのようなもの。あなたがキャプテンとして、１年間の航海に出発しましょう！

柳　圭一

目次

第3章 集団を飛躍させる2学期

第４章　１年間を締めくくる３学期

第 1 章

集団を束ねるための10の鉄板スキル

- 集団を束ねる教師の役割
- 集団を束ねる教師に必要なスキル

集団を束ねる教師の役割

すぐれた
チームリーダーとは

幼稚園から小学校、中学校、高等学校に至るまで、日本の教育のシステムでは、「学級」というまとまりをつくって、「学級担任」という教師が学級という集団を束ねる役割を担っています。

学校の先生は、教科を教えることが仕事です。その仕事は、ただ一方的に知識を伝えているのではなく、集団をつくり、集団を動かしながら教科の内容を教えています。いや、教えるだけではありません。ご飯も一緒に食べるし、休み時間は一緒に遊ぶこともあります。悩みごとを聞くこともありますし、感動して一緒に泣くこともあります。同年齢の子どもたちの集団の中で、一緒に生活する大人。それが学級担任です。

こうやって文章化してみると、教師の役割はものすごく幅広いですが、今の学校のシステムにおいては、まずは集団を束ねて動かしていくスキルが必要です。集団を束ねるというと、大勢の人たちの前に立って号令をかけているイメージでしょうか。

例えば、オリンピックの団体競技。個々の選手にスポットライトが当たるのはもちろんですが、誰がチームを率いているか、つまり監督によってチームカラーというものができあがっています。チーム名も、監督の名前を入れて○○ジャパン、という言い方をすることもありますよね。

良いチームは、監督が明確な方針を持っていて、その方針のもとにチームを強化しています。では、そのチームの選手は、監督がコントローラーで動かしているゲームのキャラクターなのかというと、そうではありません。監督は、選手を動かしているのではなく、選手に考えさせたり、意見を求めたりしながらチームの勝利に向けて適切なアドバイスをしています。**監督は王様として君臨しているのではなく、チームをより良い方向へ舵取りをして動かしていく船のキャプテン**のようなイメージです。

2024年パリオリンピックの男子バレーボールでは、準々決勝でイタリアチームに大接戦の末に敗れてしまいましたが、最後に監督が胴上げされるシーンがありました。監督がチームの中でいかに選手に信頼されてその大舞台までたどりついたのかがわかるシーンです。

集団を束ねる教師も、学級というチームをつくり、学級の目標に向かって集団を動かしていく役割は監督と同じです。バレーボールと違うのは、選抜された選手ではなく、たまたま同じ学区に住んでいる同い年の子どもたちをランダムに集めた30人だ、ということです。この30人を束ねる（＝まとめる）には、どのような役割が求められるでしょうか。

束ねるためには、いくつかのスキルを身につけて、必要な場面で使えるようにしておく必要があると思います。

さあ、それはどんなスキルでしょうか？

なぜスキルが必要なのか？

私は、大学を卒業するまで水泳（競泳）を続けていました。現役を引退した後も、マスターズ水泳という生涯スポーツの中で、自分の子どもと同じプールに通って泳いだり、時々大会に出たりして水泳を楽しんでいます。

水泳は、学校対抗の大会はあるものの、基本的には個人競技です。速くなるためにどうすればよいのかを考え、水中練習をしたり、筋力トレーニングをしたりしてきました。自分のことだけを考えれば良かったわけです。

そんな私は、自分が幼稚園児のときから通っていたスポーツクラブの教育キャンプなどのイベントに関わる中で、子どもと関わる仕事をしていきたいと考え、教師になりました。

教員採用試験を受けて合格し、４月１日から小学校の学級担任となり、教師人生をスタートさせるわけですが、私が採用された頃は現在のようなインターンシップ（教職体験）制度もなかったのでほぼぶっつけ本番で新学期がスタートしました。

水泳を通して、自分を高める術についてはある程度自信をもっていたものの、いきなりチームのリーダーになってメンバーをまとめていく術は知りませんでした。

もちろん、大学で教職課程は学んでいますが、「学級経営」

という授業はなく、実践もしていないので、勝手が違います。それでも、無邪気な子どもたちとは、話を聞いたり一緒に遊んだりしてコミュニケーションを深めていきます。年齢が近かったので、すぐに仲良くなれました。

より良いチームにしたい！という思いが強かったので、「チームワーク」という学級のスローガンを掲げ、情熱だけで突っ走る毎日でした。

夏休みが明けて、迎えた最初の授業研。算数の面積の授業でした。当日の自分の反省に、こんなことが書かれていました。

事前に準備したものをうまく使えなかったこと、子どもの発言の取り上げ方が良くなかったこと、普段のだらしない部分がそのまま出ていて、自分でも気づいていなかった点、反省は多々あり、それを改善し「師」に近づくために１日１日を大切にしたい。

それまで、「なんとなく」でやってきてしまった部分を、参観された先生方に鋭く指摘されました。こんなにたくさん指摘されたのは、初めてのことでした。指摘されたことの多くは、授業以前の、「学級経営」の部分なのです。毎日繰り返していれば、授業は「それなりに」できるようにはなります。でも、学級経営において集団が育たなければ、それなり以上にはなりません。**もう一段階上の授業をつくるためには、集団としての成長が絶対に必要**なのです。

そのときにはまだ気づいていませんでしたが、経験を重ねて、集団を束ねる上で必要なスキルがいくつかあることがわかってきました。それを、**「子ども集団を束ねるための 10 の鉄板スキル」**としてまとめてみました。

❶【コミュニケーション】全員と関係をつくる

Point

・子どもの個性を把握する
・子ども相互の関係を把握する

コミュニケーションと聞いて、みなさんはどのようなことを思い浮かべますか？

あいさつをする、ちょっとした会話をする、といった直接的なコミュニケーションもありますし、ノートのやり取りなど、間接的なコミュニケーションもあります。「同じ釜の飯を食う」ことで仲が深まると言いますよね。

様々なコミュニケーションの形がありますが、育ってきた環境が違う30人と、同じ教室で一つの集団として毎日学習したり生活したりしていくためには、子どもたちとの関係づくりは欠かせません。

教師のところに話しに来てくれる子どもだけではないので、教師から積極的にコミュニケーションをとる必要があります。

まずは**子どもたちのことを知るところ**から始めます。自分が担任している学級には、どのようなタイプの子どもたちがいるのかを知るために、コミュニケーションをとりながら分析していきます。

リーダー性のある子、おとなしい子、スポーツが好きな子、すぐけんかをしてしまう子…様々な個性があるので、それを理解するために、一人ひとりとコミュニケーションをとります。

コミュニケーションの取り方は、子どもによってまちまちです。一対一で、直接的にコミュニケーションを取れる子もいれば、一対一だと緊張してしまう子もいるので、給食を食べながらグループで話しをしたり、休み時間に一緒に遊んだりして会話のきっかけをつくるようにします。中には、大人が相手だと緊張してなかなか会話ができない子もいると思うので、そういう子との距離感を縮める方法も持っておく必要があります。

教師と子どもたちの関係だけでなく、**子ども同士の相互関係を把握すること**も重要です。誰と誰が仲がいいのか？またはあまり関係がよくないのか？ということも把握しておきたいですよね。こちらが観察するだけ全てを把握するのは難しいので、アンケートを取ることもあります。このようにして、全員と関係をつくるのです。関係ができることで、教師がする指導も子どもたちの心まで届くようになりますし、厳しいことを言ったとしても、「自分たちのために言ってくれているのだ」と受け取ってもらえます。子どもたちとの関係性は、集団を束ねていく上で必要不可欠な要素だと言えるでしょう。

❷【リーダーシップ】子どもたちをひっぱれる

Point

- 教師と子どもという関係性を忘れない
- オンとオフを切り替えて接する

学級担任として集団を束ねていく上では、教師のリーダーシップが欠かせません。

これから大きな海を航海していくキャプテンなのですから、コンパスを見て、どちらの方角に進んでいくのかを決め、クルーの士気を高めていく役目があります。そんなキャプテンが頼りなかったら、どうでしょうか…

学級は、多様な子どもたちがいる集団なので、その集団を一つの方向に導いていくためには、子どもたちから信頼されるリーダーシップが必要です。

若年層教師の場合、子どもたちは年齢が近いこともあり、友だち感覚で教師と接してしまったり、教師の方もそれで良しとしたりすることがあります。でもこれでは、自分は人気者だから子どもたちはみんなついてきてくれる、と誤解してしまう場合もあります。それに気づかず自分の力だと過信してしまうことがないよう、このような「子どもたちとの距離感」には敏感であるべきです。

この距離感は、近いからダメとか、しっかり距離を取って王様のように君臨していればよいということではありません。それは、教師の考え次第なので、集団によって違うことはあり得ます。

大空を舞う凧を紐で緩めたり巻いたりして調節するように、**大事なのは、集団のリーダーである教師が、距離感を適切にコントロールできるようにすること**です。

まずは、休み時間と授業時間の区別をしっかりつけることです。呼び方一つにしても、授業中は○○さんという丁寧な呼び方をします。休み時間も基本的にはさんづけで呼んでいますが、ときには友だち同士での呼び方をすることもあります。子どもたちも先生に親しみを込めた呼び方をすることがあるかもしれません。このオンオフの切り替えが、子どもたちが先生を信頼するきっかけになります。

教師の言葉は、子どもたちにとって最大の環境です。丁寧な言葉、場に応じた言葉を使うことで、子どもたちもそのような言葉を使うようになります。もちろん、口調や口癖さえ似てくるので、子どもたちを見て自分が反省することもあります（笑）。

そして、いざというときにぐいっと引っ張ることができる、強力なリーダーシップが求められているのです。そうした存在がいることで、子どもたちは安心して生活することができます。

❸【問題解決能力】問題を解決する力を育てる

Point

- 問題解決は子ども任せにしない
- 問題をクラスで共有して、集団としての成長を目指す

学級という集団は多様な人間の集まりです。人が集団で生活したら問題が発生することは、弥生時代から続いています。そんなときに卑弥呼という女王が現れて、争いを鎮めました。リーダーたるものは、みんなが納得できる何かしらのパワーを持っているのです。先生はまじないやお告げで争いを鎮めるわけではありませんが、何かが起きたときにはやっぱり「先生」の力は大きいです。

小さい頃から、何か嫌なことがあったときは、「そんなことしたら先生に言うよ！」と何回も言ってきた（言われてきた）のではないでしょうか。困りごとを解決してくれた先生は、子どもたちには九回裏にサヨナラ満塁ホームランを打った大谷翔平選手のごとく輝いて見えることでしょう。

集団を束ねる教師は、たくさんの事例を学んで問題を解決

する方法を身につけています。ですが、いつまでも教師が解決していては、集団としての成長はありません。その教師が出張でいなかったり、進級して違う担任になったりしたときに、また同じようなトラブルが起こるからです。

教師の問題解決能力は、教師だけが身につけるのではなく、子どもたちが身につけられるように育てていくものです。**トラブルが起きたときにいつも教師が出ていくのではなく、だんだんと教師の出番が少なくなるように**子どもたちを育てていく。それが、集団を束ねる上で教師に必要な問題解決能力であると言えます。

例えば、休み時間の遊びでもめごとが起こったとします。鬼ごっこで鬼がタッチしたのに、タッチされていないと言ってそのまま逃げ続けたとか、一人狙いばかりして他の子がつまらなかった、といったトラブルが起きます。そのときは、当事者だけで解決しても、また別の子どもたちが同じようなトラブルを起こすかもしれません。**当事者だけの話し合いにせず、クラス会議などで話し合う事例として**取り上げます。この鬼ごっこの事例の場合、よく聞いてみると、「タッチされたことに気づかなかった。」とか、「足の速い子からねらっていたら、なかなか捕まえられなくて、終わってしまった」などのどちらが悪いでもない理由であることがほとんどです。そこで、「どっちかわからないときはじゃんけんする」など対応策を決めておくことで、一つのトラブルがみんなに共有され、学級のルールとして定着していくのです。

トラブルを子どもたちが成長するための材料にする。集団を束ねる教師には、そうした問題解決能力が求められます。

❹【子どもを動かす】子どもたちを動かす指示・説明

Point

- 指示や説明には原則がある
- 集団の段階に応じた指示や説明をする

「席に着きましょう」
「これからやることを３つ言います」

集団を束ねる教師は、１日の中で何百回と指示や説明をしています。集団を束ねる上での基本中の基本で、このスキルを持たないことには教師の仕事は始まりません。

指示や説明については、向山洋一氏の『新版 子どもを動かす法則』に詳しく書かれています。この本に書かれている、子どもを動かす際の原理については、教師であればほとんどの方が知っていると言っても過言ではないくらい有名です。

「やることを示せ」
「やり方を決めろ」
「最後までやり通せ」

この3つの原則をもとに、授業中や生活などあらゆる面で子どもを動かすための指示を考えていきます。できるだけシンプルに、わかりやすい言葉で指示を出すことで、子どもも迷うことなく行動することができ、集団として混乱が起きずにすみます。これは原則ですので、学校生活の様々な場面でこれを応用しながら集団を束ねていきます。

私が若年層教師のとき、一番悩んだのがこの指示や説明の仕方です。思うように指示が通らなくて、子どもがわちゃわちゃしてしまったり、活動が始まったのに「先生なにするんですか？」と聞いてくる子どもがいたりすることが日常茶飯事でした。よく、「子どもたちが話を聞けない」と子どもたちのせいにする先生もいますが、そんなことはありません。子どもたちが理解できるように話ができていない教師に原因があるのです。適切な指示や説明の出し方を学んで、子どもたちが混乱しないように動かすことが、トラブルを防ぐコツです。

また、発達の段階に応じて効果的な指示や説明の仕方があります。**子どもの実態や教師のねらいにあわせて、最もよい指示や説明を選択できるスキルが必要です。**

❺【観察力】子どもたちの変化に気づく感覚

Point

- 毎日定点で観察して、アンテナを立てる
- 変化をサインと捉え、迅速に行動する

「嬉しそうだね！いいことあったの？」
「今日の服、新しいねー！」

家族や友だちなど、毎日のように接している人の変化には、気づかないでスルーしてしまうこともありますが、集団を束ねる上では、メンバーの変化に敏感になる「観察力」は重要なスキルです。

子どもたちは、1日の中で多くの時間を教室で過ごしています。教師も同じ空間で過ごしているわけですが、全員のことをずっと見ているわけにはいきません。休み時間になったら子どもたちは外に遊びにいきますし、準備が足りなかったときに職員室に戻る、ということもあります。

教室に入ったときに、教室の「雰囲気」を敏感に感じるス

キルが必要です。「あれ？何かトラブルがあったかな？あの子とあの子の間に微妙な距離感を感じる…」といった、いつもと違うことを認識できるように、**普段から雰囲気を感じ取るようにしておく**必要があります。

雰囲気というと、目に見えない抽象的なものになってしまうので、イメージが湧きづらいかもしれません。でも、毎日同じ教室に向かっているのですから、定点観察をしていることになるのです。いつもはよくしゃべっているＡさんとＢさんがしゃべっていないとか、机と机の間の距離がいつもより空いているなど、変化に気づけるサインはいろいろなところにあります。

また、**服装や持ち物など、身の回りのことから気づける変化**もあります。これは、友だち関係もありますし、家庭環境も影響してきます。毎日同じ服を着ていたり、筆箱の中身などの文房具が急に増えたりするなど、持ち物の変化は何かのサインであることが多いです。

このような変化の例はほかにもあります。例えば、休み時間になると教師に話しかけてきたり、一人で本を読んだりしている子はどうでしょうか。単純に自分のペースで生活することが得意で、他人と一緒の行動をするのが苦手、という子もいます。一方で､仲が良かった友だちとうまくいかなくなってしまって、一人で過ごさざるをえなくなってしまった子もいます。「教師に話しかける」という行動の裏には、いくつもの可能性があります。「あの子は一人でいるのが好きだから」と決めつけてしまうと、実は困り事を抱えていた…ということもあり得ます。子どもたちの変化に気づく感覚を研いでおきましょう。

❻【受容】子どもたちの願いを受け止められる心の広さ

Point

- まずは子どもたちの話を聞く姿勢を
- でも聞き過ぎに注意！

「今日の体育はドッジボールをやりたい！」
「好きな子とグループになってもいいですか？」

毎日の生活の中では、子どもたちは様々な願いを持っていて、教師に要望してきます。多様な考えの子どもたちが集団生活をする中で、ある子の願いが、他の子にとっては良いものでないこともあります。冒頭の例で言うと、ドッジボールは昭和の時代から休み時間の遊びの定番として行われていますが、得意な子にとっては大活躍の場面ですが、苦手な子にとってはいかにボールに当たらないかを考えて必死に逃げ回る苦痛の時間なのです。

では、特定の子の願いを聞くことで嫌な思いをする子がいないように、子どもたちの願いを何でも「ダメ」と受け入れなかったらどうでしょうか。「どうせ先生に言っても無駄だから言うのをやめよう…」と、諦めムードが広がってしまい、その結果、教師からの提案でしか動かない集団になってしまうかもしれません。

集団を束ねるという視点で言うと、(私もそうでしたが)、担任した子どもたちはとてもかわいい子たちなので、何とか子どもたちの願いが達成されるようにしよう、子どもたちの願いをもとに進めよう、と考えます。しかし、子どもたちのの要求を聞きすぎる教師は、そのうち子どもたちからの要求に応えられなくなり、あるときを境に急に話を聞くことができなくなってしまいます。子どもたちからしたら、「今までは聞いてくれたのにどうして？」と混乱してしまいます。それが続くと段々と教師と子どもたちの距離が開いていき、最終的には教師の声は子どもたちに届かなくなってしまうでしょう。

そのような集団にならないためにも、**「この先生は私たちの話を聞いてくれる」という安心感を子どもたちが持てるような対応**をしていきましょう。

子どもたちの意見の言いなりになったり、子どもたちの意見を全く聞かなかったりするといった極端な対応ではなく、まずは一旦話しを受け止めてあげる受容の姿勢が大切です。その上で、その場の勢いだけでなく長期的な視点で判断し、子どもたちにきちんと説明することが必要です。どんなに年齢の低い子どもたちでも、大人が強引に引っ張っていく姿勢はそのうち見抜かれてしまいます。納得できるような接し方で集団の満足度を高めていくべきではないでしょうか。

❼【競争】適切な競争を促し、高め合う集団に

Point

- 競争原理は、集団の高め合いには大切！
- お手本を紹介して、集団のベクトルを良い方向へ

ワールドカップで上位進出を目指すサッカー日本代表チームのように、ある結果を求めている集団においては、当然そこに入るための競争が生まれます。力関係がはっきりしていて、優れた方が選ばれるわけです。

学級のような集団に競争原理を持ち込むと、集団の中で優劣がついてしまい、その集団に居づらくなる子が出てきてしまうのではないか？と思う方もいるかもしれません。

しかし、競争が全くない集団では、子どもたちの「やる気」が起きずに、だらけた雰囲気になってしまう可能性があります。

子どもたちが目標を達成し、自己肯定感を高めていくために、適切な競争を促すような仕掛けをすることで、集団が活

性化し、適度な緊張感を持って毎日を過ごすことができます。

課題への取り組みが早く終わった子を褒めたり、言われなくても自分で行動できている子をみんなの前で紹介したりするなど、**「競争」と明示していなくても、子どもたちのベクトルがより良い方向にむかうような声かけ**を、毎日の生活の中では無数にしているはずです。

特に学習場面においては、子どもたち一人ひとりが持っている能力を生かして、「○○さんの今の話し方は～が良かったね」とか、「○○さんの考えは、新しい考え方だね。よく思いついたね」など、他の子の「お手本」になるように仕向けることで、「私もああなりたい」という適切な競争が生まれるような集団にしていきます。

例えば、国語で創作四字熟語を考える、といった少し難しい課題があるとします。個人で考えるようにすると、得意な子は何個も考えることができますが、苦手な子にとっては、なかなか思いつかず、そのうちやる気も低下してしまうでしょう。そこで、グループで考えた数を競争することで、難しさに負けずに協力して課題を解決しようという意欲を高めることができます。あるグループが考えた作品を提示して肯定的な評価することで、他のグループの活動がブーストする起爆剤になり、より活動が活性化するでしょう。

集団を向上させる適切な競争を設定することは、集団の停滞を防ぎ、教師が引っ張らなくても良い方向へ集団を動かすことができる手立てとなります。過度に競争を煽るようなことをするとトラブルの原因となってしまいますが、適切な競争を計画的に取り入れてみてはいかがでしょうか。

❽【モチベーション】目標を設定し、目標に向かって進める

Point

- 目標は使い分ける
- 小さな目標の達成の積み重ねがモチベーションになる

❼の競争は個人間で適切に競わせることで高め合う集団になるように仕掛けるものですが、集団全体としてのモチベーションを向上させるためには、適切な目標を設定することが有効です。

目標を立てる時は、**いくつかの種類に分けて考える**とわかりやすいです。１年単位の長期目標、学期単位の中期目標、そして1ヶ月・１週間・１日・１時間ごとに立てる短期目標の３タイプがあります。

学校には、多種多様な目標が存在し、気をつけないと目標の海に溺れてしまいます。これら全ての目標は、学校教育目標に通じていて、それを具現化するために学年目標、学級目

標があります。このような大きな目標が、長期目標となります。簡単に達成できるわけではないのですが、普段の生活の芯にもって意識したい目標です。学校教育目標は、校長先生から年度初めに提案されると思いますので、よっぽどのことがない限り１年間変わりません。学年目標は、小学校であれば６年間の中で、学校教育目標を具現化するために発達段階に応じて設定されるものですので、実態によって多少の変更はありますが、これも大きくは変わらないでしょう。学級目標は、実態に大きく関係してきますので、学校―学年―学級の流れだけで決めてしまうと、子どもたちが目標として意識しにくいものになってしまう可能性があるので、子どもたちと話し合って決めていくのがよいと思います。

中期目標や短期目標は、長期目標を達成していくためにより具体化されたもので、期限を決めることで達成度合いを明確に図ることができます。集団を束ねて一つの方向に持っていくためには、適切に目標を設定して、子どもたちのモチベーションを保つようにします。

具体的には、学級目標として「自立」を掲げた場合に、どのような下位目標が考えられるでしょうか。自立は、自分のことを自分でできるようにするということですから、学校生活の中で、自分ですべきことを挙げてみます。持ち物の管理や学習の準備、時間を意識して行動することなど、教師に指示されなくてもできるようになってほしいことが多々あります。こうした一つひとつの下位目標を、１週間ごとなどサイクルを決めて達成していくという方法があります。

目標の設定や振り返りの方法を具体的な場面ごとに考えていきましょう。

❾【フェアネス】個に応じた指導と、みんなが納得する指導

Point

- 指導の仕方は一人一人違う！
- 違いがあることを伝えておく！

集団を束ねる際には、ルールとしくみづくりが不可欠です。集団で過ごしていく中ではトラブルは避けて通れませんが、基本的なルールがしっかりとできていれば、原則に立ち返って指導することができます。子どもたちも迷いがなくなります。

しかし、教室の中には多様な子どもたちが生活しているのは、みなさんもご承知の通りです。何かあった時に子どもたちに指導する場面は多くあると思いますが、どの子にも同じように指導して、通じるでしょうか。

例えば、「忘れ物をした」と言う事実に対して指導する時に、毎日のように何かを忘れてしまうＡさんと、普段は用意が完璧なのにたまたま忘れてしまったＢさんに、同じような指導

をしますか？

Aさんと B さんの忘れ物をしたときの様子や、家庭環境といった抱えている背景など様々な要因によって、多少伝え方を変えることもあると思います。しかし、子どもたちから見ると、Aさんと B さんはどちらも忘れ物をした人です。それなのに、二人への言い方が違ったら、まわりの子どもたちはどのように感じるでしょうか。

集団を束ねていく上では、誰かをえこひいきすることなく、誰にでも同じように接することで信頼を得るのが定石です。しかし、**個に応じた指導の幅を持つことは絶対に必要**ですし、周りの子どもたちに、それをひいきと捉えさせないように伝えておくことも大切です。そんなルールやしくみづくりのスキルを持っておくことも必要です。

そこで、「平等」と「公平」の違いについて、学級活動や道徳の学習で1年間の早い時期に学んでおくのがよいと思います。平等は、誰にでも同じようにすることですが、その人の個性は考えられていません。公平は、その人の個性を踏まえた上で、誰もが同じように感じられることです。この話を具体例を交えて伝えることで、子どもたちも違いを理解できるようになります。

先ほどの忘れ物をした例では、毎日のように忘れてしまうAさんには、忘れ物をしてしまう原因を一緒に振り返ったり、対策を考えたりするといった手立てを取ります。それに対してBさんには、「つぎは忘れないように」という声かけをして、次への期待をこめて終わります。

このように、個に応じて全員が納得できる指導ができるように、集団を育てていきます。

⑩【コンフリクトマネジメント】対立を合意に導く

Point

- 合意形成をする力は、学校で身につけたい必須スキル
- 教師のファシリテート力が重要！

集団を束ねるスキルの10個目は、ちょっと馴染みのない言葉かもしれません。「コンフリクトマネジメント」とは、「論争・対立」を意味する「Conflict（コンフリクト）」をどのようにマネジメント（管理）するのか、という言葉です。

民主主義の世の中においては一人ひとりが自分の意見を持ち、同じ考えの人と集まって、共通の目的に向かって行動します。その過程で、違う考えの人たちとの間で意見の相違が生まれます。それが、論争です。身近な例を挙げると、「まちに新しい公園をつくるとしたら、どこにどのような公園をつくればよいか」という争点があったとします。家族構成によっても、年代によっても多くの意見に分かれるでしょう。こうした論争を解決するために、人々は話し合ってより良い

案を考えるのです。

話に戻ります。集団を束ねる上でコンフリクトマネジメントが必要な理由は、学校における集団生活の最終的なゴールと関わってくるからです。

学校で集団生活をする意義は学習指導要領の特別活動編に記載されていますが、「社会に出たときに備えて、学校という小さな社会、学級というさらに小さな社会をつくる練習をすること」です。

このことは、「社会参画」というキーワードで語られます。小学校社会科を専門として研究してきた身としては、社会参画という言葉に非常に親しみを覚えます。小学校学習指導要領社会科の目標には、「公民としての資質･能力の基礎を（略）育成する」という文言があります。この具体の一つが、この項で説明している、対立したときに合意へと進めるスキルだと考えています。

合意へと進む道のりでは、意見が対立することは避けて通れません。多様な価値観を持っている人が生活しているのですから当然です。このような**対立を、どのように解決していくのか、その術を教えていくこと**は、集団を束ねる上で必要なスキルです。お互いの意見を整理し、譲れない点を踏まえた上で、合意できる着地点を探していく。この繰り返しが、集団を形成する上で必要な営みです。

子どもたちの意見が対立したときに、合意に持っていけるようにファシリテートするのが、教師の役割です。

クラス会議などの、合意形成が必要な場面における、教師の役割を考えていきましょう。

ここまで、集団を束ねるための10のスキルについて、その理論的な部分をお話ししてきました。どのスキルも、切って離せないものですし、中には重なる部分があるスキルもあります。

学級担任として集団を束ねていく上で、それぞれのスキルをこの場で発動する！というように切り離せるものではありません。指導する時に、無意識にそれらのスキルが使えるようになるのが理想です。

しかし、そうするためには、しっかりと計画を立てて、意図的に１年間の指導を考えていく必要があります。大きく捉えて、学期ごとに次のような目標を立ててみます。

学期	集団の状態
１学期	学級の仕組みを理解して生活している。教師の指示や説明が必要。
２学期	自分たちのやりたいことが出現し、教師の助言のもとに学級の運営をする。
３学期	自分たちの力で学級を運営する。教師は必要に応じてサポートはするが、見守っている状態。

第２章からは、学級担任の１年間の様々な場面を想定して、集団を束ねて育てていくために、どの時期にどのようなことが起こりうるのか、先行実践やこれまでの私の経験から述べていきます。

ぜひご自分の学級を思い浮かべながら、読んでいただきたいです。

第2章

集団のしくみをつくる
1学期

- **チームメンバーとの初顔合わせ**
- **クラスのしくみづくり**
- **授業を通して集団を育てる**
- **6月危機を乗り越える**

学級の1年間は、その学級のしくみを理解するところからスタートします。子どもたちが安心して過ごせるように、子どもたちの意見を取り入れながら、学級を軌道に乗せるしっかりとした骨組みをつくっていきます。1学期に築いた礎が、後でしっかりと花開くように、種を蒔いていくのです。

【リーダーシップ】ぶれない芯を持っておく

新しく学級担任として1年間集団を束ねるときにまず必要なこと、それは授業や生徒指導などいろいろな場面で一番大切にする「ぶれない芯を語る」ということです。

最初の学級活動で、担任としての所信表明をします。その際に話した内容は、子どもたちの印象に強く残りますので、自分の学級経営の芯にしたいことをメッセージとして届けます。

芯を持っていると、子どもたちに話をするときや、トラブルがあったときに、芯の話に戻ることができるからです。「この先生は○○を大切にしているんだ」と子どもたちが理解することは、クラスの雰囲気を温かくも、冷たくもします。

私が学級開きで話したり、学級通信の第1号でお知らせしたりするのは、学年便りのタイトルなどに使う「目標」の意味と「叱る基準」です。

例えば、2年生のクラスでは、学年便りに次のようなタイトルをつけ、学年目標としました。

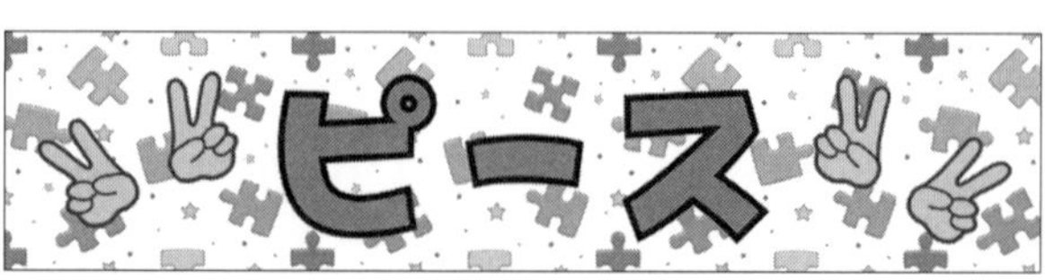

タイトルに込めた意味について、次のように学年便りで説明しました。

> **学年便りのタイトルは、“ピース”です。得意なことも苦手なこともある“2”年生の子どもたちですが、一人ひとりの“ピース”がかみ合ったときに、みんなが笑顔で“ピース”サインを出せるような、素敵なチームになってほしいと思い、この名前にしました。**

このタイトルをもとに、一人ひとりが自分の力（個性）を発揮することの良さをことあるごとに価値づけたり、合言葉のように言ったりすると、子どもたちに伝わります。

「叱る基準」は、学年に応じて伝え方は変わりますが、高学年の場合、以下のような内容を伝え、教室に掲示します。原実践は、山路敏英氏の「叱る５つの基準」です。

> **①危険《きけん》なこと**
> **（自分《じぶん》や周《まわ》りの人・ものの命《いのち》を大切《たいせつ》にしてほしい）**
> **②迷惑《めいわく》がかかること（周《まわ》りの人のことを考《かんが》えてほしい）**
> **③失礼《しつれい》なこと（礼儀正《れいぎただ》しく・相手《あいて》の立場《たちば》で考《かんが》えてほしい）**
> **④ずるいこと**
> **（みんなで決《き》めたことは必《かなら》ず守《まも》ってほしい）**
> **⑤下品《げひん》（楽《たの》しく・気持《きも》ち良《よ》く過《す》ごしてほしい）**

これを伝えることで、子ども同士の意識づけになります。

【コミュニケーション】第1印象を打ち上げ花火にしない

始業式の日は、子どもたちとの出会いの1日です。子どもたちが、「この先生となら1年間楽しく過ごせそうだな」と思えるような1日になるように、しっかり計画を立てて過ごします。まずは、1年間子どもたちの記憶に残る日にしたいものです。

私は「学級開き」と呼ばれるこの日に、「○年○組スタートの会」を毎年行っていました。

六年一組スタートの会
一　提案
先生
二　なぜ
初めての出会いを祝いたいから
三　めあて
楽しく・仲良く

四　プログラム
①はじめの言葉
②名前を呼ぶ
③先生の自己紹介
④班をつくる
⑤ゲーム
⑥先生の話
⑦終わりの言葉

この会のメインは、「子どもたちの名前を呼ぶ」です。事前に子どもたちの名前を全て暗記して、「先生はみんなに会えるのがうれしくて、みんなの名前を覚えてきたよ！全員分言えたら拍手をしてね！」と言いながら、一人ずつ名前を呼んでいきます。

失敗（思い出せなかったり、間違えたり）したときのリスクを考えると非常に怖いですが、成功したときに子どもたちに与える良いイメージは、計り知れないものがあります。

また、その後のプログラムで「ゲーム」を行います。みんなで協力して楽しめるようなゲームを複数用意しておいて、「今日は楽しかった！」という気分で下校できるようにするのです。

このような会は、もちろん子どもたちに良い印象を与えますが、一方で、同じようなレベルのイベントを安易に求めてくるようになる、ということも考えられます。

継続的に何度も行えるような環境があればよいのかもしれませんが、仮にその場合も子どもたちは次第に慣れてきますので、「次はもっとすごいものを」と要求のレベルが高くなってしまうこともあります。

それが叶わなかったときに、どうなってしまうのか。子どもたちの心は簡単に離れていき、ちょっとのことでは振り向いてくれなくなってしまうのです。

最初の印象は大切ですが、それに捉われすぎずに、持続可能でないといけません。私も、今では名前は覚えますが、子どもたちの前でイベント的にやることは少なくなりました。ゲーム（学級遊び）は必ずやります。それを隙間時間などにこまめに続けています。「楽しい１年になりそうだ」という感覚を持ってもらうようにしましょう。

【リーダーシップ】クラスの方針で最初から引っ張りすぎない

「ぶれない芯を持っておく」でも書きましたが、集団を束ねる教師は、ちょっとやそっとでは折れない東京スカイツリーばりの心柱を持っておくことが重要です。芯があれば、多少骨格がぐらつくようなことがあっても、すぐ修正できます。

しかし、４月の最初から、教師が自分の芯を水戸黄門の印籠のように毎回振りかざしたら、どうでしょうか？

…これは、言葉はよくないですが、洗脳、刷り込みに近くなってしまいます。これを続けていくと、短期的には向上しますが、１年後のクラスを見た時に、子どもたちの本当の力になっているかどうかは疑問です。私は、「この先生だからできる」という状態にはしたくないと思っているので、クラスの方針は示しつつ、最終的にはそこから離れていけるような引っ張り方を目指します。

また、２年生以上でクラス替えがあった後では、子どもたちには前年度のクラスで行われてきたことの印象が強く残っています。クラス替えがなく、担任だけ変わるパターンの場合は、なおさらです。前の先生が自分の個性を遺憾なく発揮する方だった場合、みなさんが新しい担任だとすれば、そのカラーが強く残っていることを感じるでしょう。こうしたクラスに、いきなり自分のカラーを持ち込もうとして出しすぎるとどうなるか…子どもたちから猛反発を食らいます。

私が、５年目を終えて初めて異動したあと受け持ったクラスの話です。それまでの５年間の経験である程度の自信を持っていたので、「自分のやり方はこうだ！」という主張をしていました。

その結果、一部の子どもたちはうまく受け入れられずに、気持ちが離れていってしまったことがありました。クラス替えをしていないクラスだったので、その子どもたちにとっては、異質な大人が入ってきたという印象だったのでしょう。

ぶれない芯を持ち、クラスの方針は示しますが、主役はあくまで子どもたちです。**子どもたちの意見を聞いた上で、一緒にクラスを運営していくのが理想的な形**です。給食指導一つとってみても、配膳の仕方、おかわりのルールなど、教師によって細かいところが少しずつ違うことがあります。最初に確認をする時に、子どもたちに「どのようにやってたの？」と聞いてみてもよいかもしれません。クラス替えをした後であれば、違うやり方をしてきた子どもたちが集まってきているので、やり方をめぐってトラブルが起こることも考えられます。子どもたちの意見を聞いた上で、前のやり方でよければそれを踏襲したほうがスムーズな場合もあります。変えたほうがいいなと判断した場合は、教師がやり方を示し、子どもたちが納得してからのスタートにするべきです。そうすることが、１年間を気持ちよく過ごすために大切なことだと考えます。最初から教師が引っ張りすぎることがないように、子どもたちの様子を見て、アクセルの踏み加減をコントロールしながら進めていきましょう。

【モチベーション】【観察力】学級目標は焦って決めない

集団を束ねる上で、教師と子どもの共通言語である「学級目標」の存在は重要です。教師の願いと、子どもたちの思いをもとに学級目標を作成します。この学級目標、みなさんはいつ作成しますか？　年度初めの学級活動の中で一気に決めてしまう学級が多いですかね。

私は、子どもたち同士の関係やクラスの雰囲気がだいぶわかってきたタイミングで、学級目標を決めるための話し合いを持つようにしています。

毎日一緒に生活を送り、授業を受けて学習をする中で、元気が良いとか、けんかが多いなどのクラスの実態として良いところと悪いところ、直したいところがわかってきますので、クラス会議の話し合いでそれらを分析していきます。

子どもたちにとって、学級は日々の多くの時間を過ごす場所ですから、その場所が安心・安全に過ごせる場所なのかどうかは重要なわけです。

ある程度お互いの実態がわかってくる時期に学級目標を決めるための話し合いを行うことは、ある意味、学級の現在地を確認する上でも大切な取り組みになってきます。

学級において子どもたち同士や、教師との関係が良い方向に進んでいる学級では、より高い目標を設定して、さらなる成長を目指していくことになると思います。

まだ思うように関係ができていない学級では、まずは安心、安全に過ごせる関係づくりが目標になってくるのではないでしょうか。

こうした現在地を確認するためにも、学級活動で時間をとり、子どもたちには、その学年の終わりまでに目指したい姿を考えさせ、以下のようなワークシートに記述していきます。

これも、その学年になってからしばらく時間が経っているので、学習面でも、生活面でも、自分のことを少しはわかってきているのではないかと思います。

こうした分析をもとに、学級目標を決めていきます。実態を元にした学級目標にすることで、学級目標の掲示物がただの飾りにならず、みんなが目指すクリアしたいゴールになりますので、**決める時期は頃合いを見て、**というところを大事にしましょう。

教師のぶれない芯が浸透していると、子どもたちとの共通言語になり、目標にも反映されてきます。

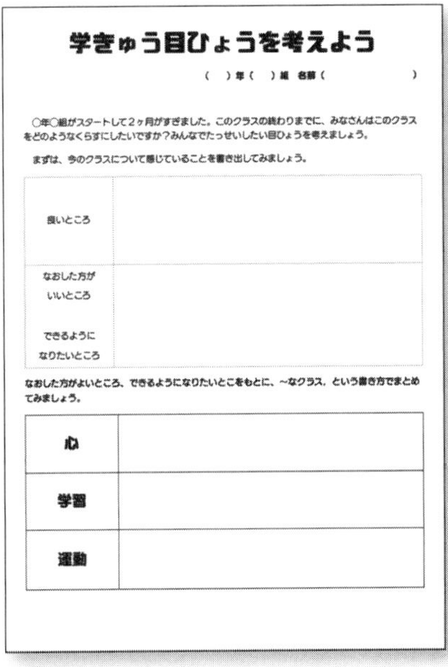

学きゅう目ひょうを考えよう

（　）年（　）組　名前（　　　　）

○年○組がスタートして２ヶ月がすぎました。このクラスの終わりまでに、みなさんはこのクラスをどのようなくらすにしたいですか？みんなでたっせいしたい目ひょうを考えましょう。

まずは、今のクラスについて感じていることを書き出してみましょう。

良いところ	
なおした方がいいところ できるようになりたいところ	

なおした方がよいところ、できるようになりたいとこをもとに、～なクラス，という書き方でまとめてみましょう。

心	
学習	
運動	

【モチベーション】学級目標はできてからがスタート

学級目標づくりの実践例です。２年生の学級で行いました。前文部科学省視学官の安部恭子先生のご実践をもとにしています。

まずは、自分たちがどんなクラスにしたいのか、意見を出し合います。事前に、41 ページにある、「学きゅう目ひょうを考えよう」のワークシートや書いてあったことも子どもたちの頭の中にある状態です。

初めは、けんかのないクラスや、明るいクラス、牛乳を全部飲むクラス（笑）など、自分たちのなりたいクラスがたくさん出てきました。

私の当時のクラスでは、この２ヶ月一緒に過ごしてきて、少しケンカが多いかなぁというところもあったので、ネガティブな内容も多かったと思います。

次に、類似した言葉を整理し、まとめていきます。話し合いの中で、褒め合えるクラスという言葉が出てきました。

○○しない、という否定的な言葉ではなく、○○する、という肯定的な姿を価値づけし、話し合いを進めていきました。肯定的な行動が増えた先にどのような雰囲気になるのかを話し合うと、ぽかぽかという言葉も出てきました。

このようにしてまとめてできたいくつかの文章が、子どもたちが目指す具体的な姿となります。しかし、このままでは長い文章になりますので、子どもたちが日常的に使える合言葉にしよう！と呼びかけました。

頭文字をとってキーワードにしようと考え、濁点をとるなど、少しアレンジして、「ぽかぽか」のあいうえお作文になるようにしました。

「**ほ**かほか、**あ**かるい、**ほ**められる、**が**んばる」です。

こうしてできた、ぽかぽかという合言葉を、1年間使っていきます。**学級目標は、できてからがスタート**だと思います。

掲示もしますが、ただの飾りにならないように、毎日の生活の中で意識づけしていきました。高学年であれば、使える言葉の幅は格段に広がります。大切なのは、繰り返しますが飾りにしないことです。そのためにも意味を理解できる言葉を選ぶことをオススメします。

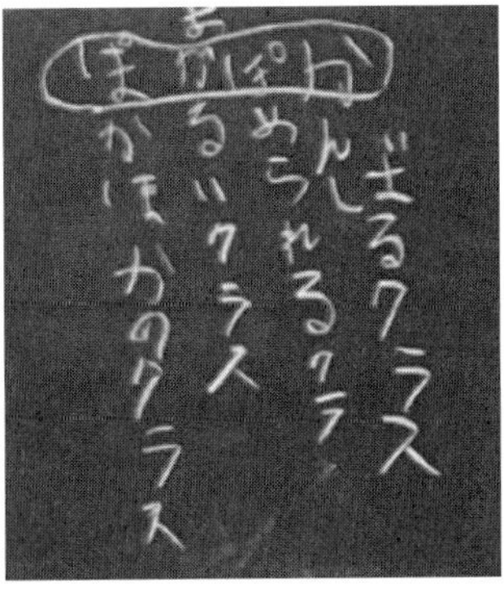

【フェアネス】みんなが帰属意識をもてるような当番活動

小学校や中学校では、クラスの中で係活動を実施していることが多いと思います。黒板係や生き物係といったクラスの中で毎日誰かがやらなければならないことを、分担して行うものです。中学校なら教科リーダーがあります。

係活動を行うことによって、**学級への帰属意識が高まり、自己肯定感が高まる**と考えています。係活動のやり方は多種多様ですが、先に述べたように、毎日誰かがやらなければならない仕事を、私のクラスでは「当番活動」として位置付けています。

さらに、当番活動を、クラスの人数分仕事を決めて、一人ひとりに役割を持たせる「一人一役当番活動」を行っています。一人一役とすることのメリットは、役割がはっきりとすることで、手抜きをしなくなるということです。

心理学でも、フリーライダーという概念があり、人数の多い集団の中で手抜きをしてしまうような状況のことを指します。

また、一人一役なので、その子ならではの仕事となり、行ったことに対する褒める声かけもしやすくなります。

デメリットとしては、担当の子どもが仕事をすることが苦手だったり、休んだりすると当番活動が回らなくなる、ということがあります。

それを防ぐために、お休みの人がいた時に仕事を代わりにする「代打」の当番や、日直が代わりに仕事をするなどのシステムをつくっておきます。

話はそれますが、当番活動に号令や司会も割り振れば、日直という仕事自体も必要なくなります。

当番活動を決める際も、教師が一方的に決めるのではなく、子どもたちと一緒に考えることで、「全員野球」を達成できるでしょう。

一人一役当番表

電気	窓あけ	窓しめ	手紙　朝
健康観察ぼ	黒板①	黒板①	黒板②
黒板②	黒板③	黒板③	黒板⑤
黒板⑤	黒板⑥	黒板⑥	健康観察表チェック
音読チェック	漢字チェック	手紙　昼	配り
配り	配り	配り	配り
配り	日付・日直	時間割	計ドチェック
本棚整理・落とし物	黒板④	黒板④	給食前
給食後	当番表チェック	給食ドア	給食廊下

このような当番表を用意して、両面の名前マグネットを置いておきます。仕事が終わったら裏返すようにします。

クラスのしくみづくり

【子どもを動かす】隙間時間をつくらない

集団で生活をする上で、一番トラブルが起きるのが、休み時間や課題が終わった後などにできる隙間時間です。この何もない時間を制するものが学級経営を制すると言っても過言ではありません。ここでは、朝の時間に焦点を当てて、隙間時間をつくらないための動きについて紹介します。

朝、登校すると、子どもたちは、片付けをして、一日の生活の準備をします。ところが、子どもたちはお話が大好きなので、昨日会ったことや、登校する途中に起こった出来事について話してくれます。

週明けなどは、ネタが豊富なので、たくさんの子どもたちが代わる代わるお話をしてくれます。そうすると、片付けがなかなか進まないのです。

朝の何気ない子どもたちとの会話は、子どもたちとコミュニケーションをとる上で重要ですので、大事にしたいと考えています。なので、無下に話を切ることはせず、子どもたちの「話したい」が終わるまで聞くようにしています。

しかし、朝の時間は限られていますので、その時間を有効に使いたいと考えているわけです。

そこで、子どもたちが楽しんで朝の準備ができるように、朝の準備を「ミッション」としてクリアできるようにしました。某アニメ番組でスパイが流行っていたのもあり、子どもたちはのってくれました。

朝のミッションとして掲げているのは以下の通りです。

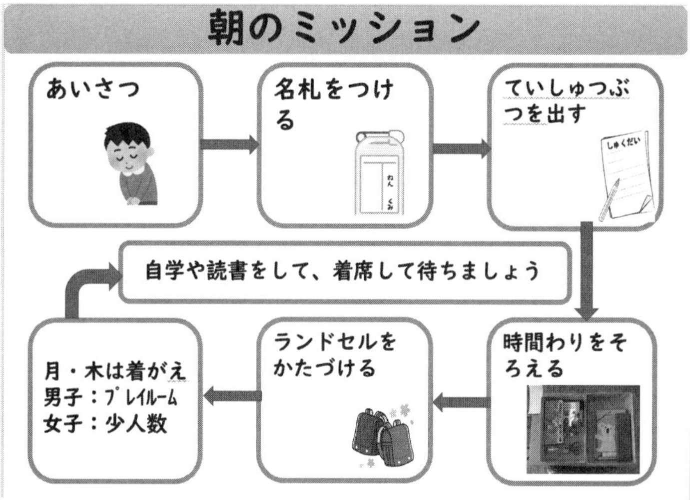

[図解は浦元康先生のものを参考に内容を変えています]

そして、教師としては、この時間に提出物のチェックもできると理想的なので、話を聞きつつも、スタンプを押したり、漢字ノートをチェックしたりしています。

時々、ミッションを外れて違うことをやっている子もいますので、声を掛けつつ、ミッションが進むようにしています。このように、**教師も子どもも、時間の中で常にやることがある状態をつくっておくこと**で、無用なトラブルを避け、スムーズに１日をスタートさせることができます。

【子どもを動かす】教師の指示ばかりにならないように

前項の「朝のミッション」のようにやることを指示しておくと、ミッションの通りに進めることはできるようになりますが、「そこには書かれていないけど、やるべきこと」に目が行かなくなる（働かなくなる）というロボット状態が生まれます。そこで、**全てを教師が指示するというのを一回捨てること**で、子どもたちの思考力を育てることにつなげていきます。その一つは、時計を見て行動させることです。

低学年の児童には、そもそも時計を読む、というのが一つ目のハードルになります。入学当初から、時計の「形」を見ることで、時計を意識させるようにします。

最近は百円ショップなどでも模型の時計を販売していますが、上の図のようなイラストをラミネートしておき、ホワイトボードマーカーで長針や短針を書き込んで時刻を示すようにします。始めのうちは、ごちゃごちゃしてしまうと見にくいので、長針だけ示して、時刻を知らせます。例えば、30分だったら「６までだよ」という感じです。

時計の読み方を習うのは算数の学習ですが、啓林館の教科書では、指導時期が９月となっています。

つまり、それまでは、長針の位置で示すことになります。９月に学習する内容は、「何時」と「何時半」ですので、１分単位の時刻はまだ学習していません。

日常生活の中で、アナログの時計を目にしていたり、数字のしくみを理解したりしていて、デジタルの時計の数字が読める場合は別ですが、教室の中でも大きな差がある公立の学校では、まだ未習であると考えて手立てを取っていく必要があります。

話が算数の方にそれてしまいましたが、時計を見て行動するというのは、これから先の人生においても必須のスキルであると考えています。

多くの学校では、チャイムが鳴って時刻を知らせるので、時計を見なくても行動できてしまうのですが、将来的なことを考えると、早いうちから音で聞くのではなく時計を見て行動できるようにしたいです。

普段の教室の授業ではなく、例えば移動教室であったり、行事があったりするときなど、特別な場合には、チャイムが鳴るよりも早く行動する必要があります。

こうしたときに備えて、普段から数分前に行動できるようにしたいものです。

時刻を守ることは、相手や周りの人を大切にすることにもつながります。

このような価値づけをしつつ、生活習慣を身につけさせたいですね。

【コミュニケーション】【観察力】雰囲気づくりは言葉から

子どもたち同士に、名前を呼ばせる際に、どのように呼ばせていますか。

特に気にしていないと言う先生もいらっしゃるかもしれません。子どもたち同士は、関係が深まってくると、名前を呼び捨てで呼ぶようになります。そのこと自体は、関係ができてきている証拠なので、良いこととして捉えていきたいと思います。

しかし、呼び捨てで呼ぶことは、少し強い印象を与えてしまうと考えています。これまでの経験上、呼び捨ての多いクラスは、少し強い雰囲気のあるクラスになっていました。

これまで友だちを敬称をつけて呼んでいた子が、呼び捨てで呼んでいるのを聞いたので、呼び方について話をしました。

言われた子は、友だちと顔を見合わせて特に何も言わなかったのですが、周りの子が、仲が良いから、呼び捨てで呼ぶんだよ、ということを言っていたので、こちらの考えを伝えました。

名前を呼ぶときに、敬称をつけるということは、相手を大切にすると言うことなんだよ、と。

教師のいない子どもたち同士の場では、おそらく呼びやすい名前で呼び合っているのだと思います。

しかし、教室と言う小さな社会では、プライベートな空間ではない、少しフォーマルな空間だと思うので、そういう場では、言葉遣いにも気をつけていかなければならないことを呼び方を通して教えていきます。

これは、教師が子どもを呼ぶときにも当てはまります。

それぞれのクラスで、先生は、どのように子どもたちを呼んでいるでしょうか。学校によっては、呼び方をさん付けにするなど統一されているところもありますよね。

まず大切なことは、**相手を思いやるという本質を外さないこと**だと思います。

みなさんのクラスでも、子どもたち同士、どのような呼び方をしているのか、耳を傾けてみてください。
子どもたち同士の関係や、クラスの雰囲気などいろいろなことがわかるのではないかと思います。
もし担任の先生方が気になるような言葉があるようでしたら、頭ごなしにやめさせるのではなく、その言葉がどのような意味を持つのかを一緒に考えるとよいと思います。言葉が持っている力についても、ぜひ考えてほしいです。

【受容】【コミュニケーション】リーダーは王様ではない

集団を束ねる学級担任は、集団のリーダーとして、学級の経営方針を立て、集団を引っ張ったり、後押ししたりしてゴールへ向かわせる役割を担っていますが、決して集団の子どもたちを支配する王様になってはいけません。

教室の中では、昔から行われている良かれと思って行う指導が、実は子どもたちの脳を傷つけ、人権を侵すことにつながっている不適切な指導となっていることがあります。川上康則氏の『教室マルトリートメント』には、自分が不適切な指導を行っていたりしないか、見直すきっかけとなることが書かれています。

校内の人権担当から、自治体が発行している「子どもの権利ノート」を子どもたちに配付して、人権についての意識を高める指導をしてください、というお話

子どもの権利ノート

千葉県ウェブサイトより

がありました。道徳の時間に、人権に関わる内容項目を取り扱って授業をすることもありますが、今回は、ノートを制作しながら、子どもたちと人権について考えました。

子どもの権利ノートには、子どもが持っている人権として、「生きる権利」「育つ権利」「守られる権利」「参加する権利」とあります。生きる、育つは、人として生きていく上で当然なので意識しやすいと思いますが、守られる権利にあるように、傷ついているときやつらい時に助けを求めることは、子どもたちにきちんと伝えていきたい権利です。周りに話せる相手がいないと、つらいことを伝えることができずにさらに苦しくなっていくという負のスパイラルに陥ってしまいます。

そして、最後の参加する権利。学校生活においては、とても重要な権利だと考えます。教室においては、子どもたちはお客様ではなく、教師と主従関係でもなく、まさに一人の人間としてみんなが対等な立場で生活していきたいものです。一人一人の意見が尊重され、相手の人権を守った上で自分がやりたいと思ったことを、やることができる。そうした教室づくりが、子どもの人権を守ることにつながるのだと思います。

教師が子どもたちを引っ張っていくだけではなく、子どもたちが自走できるように導いたり後押ししたりする、ファシリテート力というのも、集団を束ねる上で求められるスキルになるでしょう。

子どもたち一人ひとりが、お互いを学級のメンバーの一員として大切にし合える、そんな学級経営が必要です。

【モチベーション】【競争】子どもが自分で動けるように

学級開きからしばらく経ってから教室の様子を観察してみると、給食の時間や掃除の時間での子どもたちの動きが、学級開き当初より少しルーズになっているのが気になることがあります。

声をかけてやらせるのは簡単ですが、いつもいつも教師が声をかけてしまっては、そのうち声をかけないとやらない子どもたちになってしまうのではと心配です。

そこで、子どもたちが、自分から動くようになるためのポイントを３つにまとめてみました。

１　子どもが動くのを待つ

まずは、じっと子どもの動きを見て、子どもから動き始めるのを待ちます。

教師が率先して動くことで、子どもたちがはっと気づいてくれることもありますが、たいていの場合は、自分たちの話に夢中になっているので、気がついてくれません。少し時間はかかっても、教師がやり始めずに、じっと待って、行動が起こるのを待ちます。

２　動いている子を見つけて褒める

１のように、じっと待っていると、必ず気がついて動き始めてくれる子どもがいます。そのときを見逃さず、気がついて行動を始めたことを褒めます。

この時点で、給食や掃除の開始時刻からは少し時間が経っているので、本来ならば全体として指導しなければならないところです。しかし、ここですぐ指導を入れてしまうと、せっかく動き始めた子の意欲がしぼんでしまうことになります。ここはとりあえず、動き始めたことを賞賛し、周りの子が後に続くようであれば、その子達も褒めて巻き込むように促します。

３　あとで振り返りをする

子どもたちが動き出して、時間内に終わってしまえば、指導すべきことがないようにも感じます。

しかし、時間は有限であることや、早く終わらせることで次のことにたくさんの時間を割くことができますので、早く取り掛かって早く終わらせることの価値に気づけるようにしましょう。

落ち着いて話ができるタイミングで、先ほどの事象の振り返りを行い、より改善する方向へ話をしていきます。言われなくても動き出している子がいることを紹介し、もう一度給食や掃除の流れを確認します。

このような手順で、**子どもたちが自分で動き出すように仕掛けて**みましょう。教師が声をかけてやるよりも、良い雰囲気が持続するはずです。

【モチベーション】【競争】子どもを動かすマジックワード

みなさんは、クラスで今日１日に「早くして～」と何回言いましたか？私は…めちゃくちゃたくさん言ってしまいます。

子どもたちにとっては、耳にタコができるくらい聞いているであろう言葉、それが「早くして！」です。耳にタコができるくらい聞く言葉って、言われてもそのうちすぐに反応しなくなりますよね。

大人でもそうなのですから、子どもはもっと敏感に感じ取るでしょう。実際に、何度も言ってしまっているということは、それなりにいくつか原因があります。

教師の指示の出し方に原因があるのかもしれません。
例えば、休み時間の準備などは、事前の声かけで改善されることはいっぱいあるはずです。「早くして！」という状況をつくってしまっている自分に反省するのはもちろんですが…

ここは、何か違う言い方をして、子どもの気分を変えなくては！ということで言い換えたのが、某モンスターアニメの黄色いモンスターの技でもある、**「でんこうせっか（電光石火）」**

です。

Instagramで発信をされている「かじたろ」先生からいただいた、価値語カレンダーの中にあった言葉ですが、電光石火で用意して！と言い方を変えるだけで、子どもたちはとても早く行動することができました。

まぁその前に、電光石火のジェスチャーで一通り大騒ぎしたのは想定内です（笑）。

低学年のクラスでは特にそう思うのですが、小学生の子どもは、ある一面では思ったよりずっと大人ですし、また別の一面では思ったよりずっと子どもです。

あまり子ども扱いしていると、気持ちが離れていくときがありますし、大人扱いし過ぎると、ついてこられないことがよくあります。

電光石火の例は、まだまだ、子どもたちには遊び心が必要だということです。

淡々と進めていくだけでは、7・8歳の子どもたちを上手に動かしていくことはできません。

子どもたちが興味のありそうなものをリサーチして、ちょこっと入れ替えるだけで、ノリノリになります。よくある例を挙げてみました。

【リーダーシップ】本時のねらいを明確にする

どの教科、どの時間においても、教師は毎時間のねらいをもって授業に臨むと思います。この1時間で「これを身につけさせたい、達成させたい」というものです。

そのねらいを達成するために必要な学習活動を考えて、子どもたちに提示しています。子どもたちとは授業の初めにそのねらいを共有すると思いますが、いくつかのパターンが考えられます。

①活動を示す

○○について調べよう、○○について考えよう、という授業の主たる活動をそのまま提示するものです。

その日にやるべきことが明示されているので、子どもはわかりやすいと思いますが、教師から示された課題になりますので、子どもの姿勢としては受け身になってしまいます。

②考える問いを示す

例えば算数において、25+13のようなくりあがりのない足し算の勉強をした後に、25+18のような場面が出てきたら、子どもはどのような反応をするでしょうか。

前時に学んだやり方が、今回は通用しない！ということを共通認識し、それをみんなで解決しよう！というねらいを立てます。

先ほどの例で言うと、１の位が10より大きくなる足し算の筆算はどうやればいいの？が共通の問題になり、それを学習問題と呼んでいます。

学習問題にすると、本時の終わりに、その答えを考えることで、授業のまとめを考えることになり、１時間の流れが明確になります。

単純に、毎時間のめあてを学習問題と呼ぶのではなく、**問題になっているか？ということを吟味して子どもたちに提示すること**で、子どもたちの授業への参加意欲も変わってくると思います。

以上の２つのパターンで、本時のねらいを子どもたちに提示することで、集団としてその時間のゴールに向かわせることにつながります。どのような形であれ、めあての提示は必須です。

これは、「考える問いを示している」めあての例です。

【子どもたちを動かす】授業の流れを一定にする

集団を束ねる上では、どの授業においても、基本となる流れを固定化して、子どもたちがその時間の中でやることの見通しを持てるようにしていきたいと考えています。見通しが持てることで、子どもたちが安心して授業に臨めたり、何かトラブル等があって授業に遅れたときも、大きな混乱なく参加することができるからです。

国語では、音読と漢字は毎回少しずつ継続的にやっています。音読については、教科書でどの教材を取り組んでいるのかによっても変わってきますが、物語や説明文などの文章を扱っているときは、その文章を音読していくようにします。

低学年の読み物はそれほど長くないので、流れを覚えてしまうくらい音読していくことが大切だと思っています。読むことや書くことが苦手な子にも、読み聞かせのつもりで周りの子が音読しているのを聞かせることで、内容を理解する助けになるのではないかと考えています。

漢字は、土居正博先生の『漢字指導の新常識』に掲載されているやり方を取り入れています。毎回の国語の授業の授業では、漢字ドリルを最初から最後まで音読する漢読に取り組んでいます。

音読と漢読のあとは、教科書の内容に取り組む流れになります。時期によっては、百人一首に取り組むこともありました。

同じように、算数も、流れを決めて取り組んでいくようにしていきます。計算の力をつけていきたいと思っているので、最初に kahoot! で計算問題をやったり、マス計算に取り組んだりしています。こうした計算問題の活動から、教科書の内容を学習する活動に入るという流れで毎回進むようにしています。

社会科では、地図帳を使った地名探し、体育では主運動につながるサーキットトレーニングなど、各教科の導入５分くらいでできる活動はたくさんあります。

一時期だけ取り組んでも、大きな変化は見られませんが、継続することでその後大きく花開く可能性があるものばかりです。

こうして**授業の流れを一定にすることで、子どもたちが安心して学習活動を行える**ような集団となっていきます。

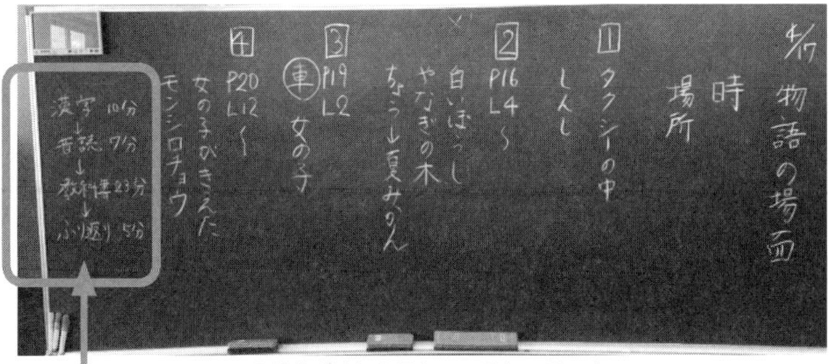

この部分が流れを示しているところです。

【子どもを動かす】指示を確実に伝えるイラスト

集団に束ねる際に、指示を出す場面はたくさんあります。ただ、その指示は、「体育館にいきます」のような、子どもたちとすぐにイメージを共有できるような簡単なものから、「反復横跳びを２回やって良い方の結果を記録します」のように、複雑で１回で理解できない子がいることも想定できる指示もあります。教師が側について補足説明ができる時と、そうではなく子どもたちが自分たちで動かなければならない時もあります。集団を束ねる上では、子どもたちの理解度を高めておくことが、スムーズに運営する秘訣なのは言うまでもありません。

こうした、複雑でわかりにくい指示を出すときには、**言葉で説明するだけでなく、イラストも使って説明しよう！**という話です。ファシリテーションの技術「グラフィック」です。

先ほどの体力テストの例で説明します。全国体力・運動能力等調査は毎年５年生を対象に行われていますが、私の勤務している自治体では、都道府県レベルの調査のために、毎年全学年で体力テストが行われています。その時担当していた２年生は、２回目ということで、１回経験していますが、何をやるのかまだよくわかっていない状態です。

本当は前日に説明できれば良かったのですが、それができなかったので、当日の朝に説明することになりました。２年生なので、言葉だけで説明してもなかなかイメージが伝わりにくいです。そこで重要なのが、イラストで説明することです。

他の様々な場面もそうですが、文字だけのものよりも、写真やイラストが添えてあった方が、イメージが掴みやすいです。

黒板にイラストを描きながら、「立ち幅跳びは…」とか、「反復横跳びのルールは…」のような説明をざっとしていきました。普段からイラスト使って説明するようにはしていますが、そんなに上手くはないので、この説明をしたときに「先生、意外と絵が上手い」とぼそっと言った子がいたのは嬉しかったです。

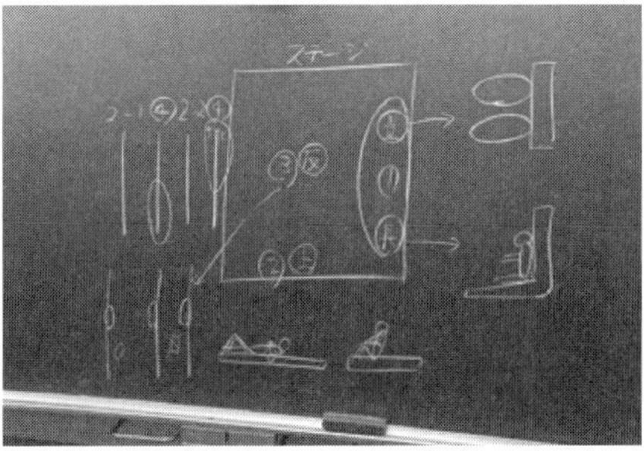

無事、実施することができましたし、時間の関係でできなかった１種目についても、子どもたちがずっと覚えていて「いつやるの～？」と言っていたことも、（イラストと関係あるかわかりませんが）説明がしっかり頭に入っていたからかな？と考えています。

わかりにくい説明を、イラストでわかりやすく。ぜひ使ってみてください（わかるイラストを描けるのが前提ですが！）。

【観察力】【子どもを動かす】「伝える」とは？

イラストの他にも、子どもたちに「伝える」術をたくさん持っておくことは重要です。「この先生はわかりにくい」というイメージを持たれてしまうと、その後指示を出すにあたっても、非常にやりづらくなります。子どもたちの様子を観察しながら、伝わっていないかな？と思ったときには別の伝え方ができるように、普段から引き出しを持っておきます。

①イメージしやすい言葉に言い換える

「むずしいことをやさしく」という井上ひさし氏の言葉がありますが、子どもたちにそのまま伝えるには難しい言葉がたくさんあります。

そうした言葉が出てきたときに、子どもたちにわかりやすい言葉に置き換えて説明できるようにすることで、子どもたちが語彙を獲得することにつながってほしいと思うわけです。

例えば、「今日は芸術鑑賞教室で演劇を見ます」では伝わらないことを、「劇団四季って知ってる？」という話から始めることで、伝わりやすさが変わるかもしれません。

今回は、「演劇」という言葉を理解してもらうために、劇団四季など、子どもたちになじみがあるであろうものに置き換えて説明をしてみました。これは、イラストでも、写真でもいいのですが、知名度の高いものに置き換えることで、子どもたちに伝わりやすくなるのではないかと考えています。

②やってみせる

イラストでも、言葉でも難しい場合は、実際にやっているところを見せるにつきます。

例えば、ノート指導や端末の操作などは、手順やイラストがあったとしても、そのままマネするのが難しいこともあると思います。

体力テストの説明ではイラスト力の問題もありますが、実際にやっているところを見せた方が早いし、確実な場合もあります。

「やってみせ、言って聞かせて、させてみて、ほめてやらねば、人は動かじ。」という山本五十六氏の有名な言葉がありますが、子どもたちを動かすには、まず自分がやってみせるというのが最初にくるということです。

口で説明するだけでは（特に低学年では）動かすのが難しいと思っています。集団として成長するにつれて指示の出し方は変わっていきますが、子どもの様子をよく観察して、方法を選んでいきたいものです。

授業を通して集団を育てる

【モチベーション】【競争】子どものやる気に火をつける

この言葉は、集団を束ねる上での教師の役割を表すものとして、これ以上に適切なものはないといっても過言ではありません。筑波大学附属小学校で長年教鞭を取られた有田和正先生がそのようにおっしゃっていました。

生活科「自分はっけん」の単元での実践を紹介します。第一次としては、「自分のことを知る」というテーマで行っていきます。これまでの人生の中で、自分が「成長したな」とか、「できるようになったな」と思うことについて振り返るところからスタートします。

人は誰でも、生まれた時から誰かに世話をしてもらい、一つずつできることが増えて成長し今に至り、この瞬間を生きているのです。しかし、低学年の子どもたちは、自信に満ちあふれているので、「それは前からできていた！」と、できていることに目を向けるのが大得意です。

とにかく、まずは、自分が成長したことについて、可視化していこうと考えました。ノートに、「自分が成長したこと」「できるようになったこと」を箇条書きで書いていきましょう、と指示を出し、子どもたちは書き始めました。

「何個書けばいいんですか？」という質問があったので、「100個は書いてね！」と言ったら、子どもたちはえーっと言いながらも、鉛筆を動かし始めました。実際、100個は難しいだろうな～と思っていたのですが、しばらくそのままで「３個かけたね！あと97個！」「10個もかけたの？あと90個だね！」と言いながら声かけをしていくと、子どもたちはどんどん書いていきます。「あれもできるようになった」「これはどう？」と言いながら書いていきました。

実際にその時間の中で書き切れた子はいませんでしたが、その後も時間があると書いていたり、自学で書いていたりしたので、次の日の朝には100個達成した子もいました。

子どもたちのやる気は、いろいろなものに左右されると思いますが、声かけによっても子どもは動きます。

声かけなのか、問いなのか、活動なのか。**どのようなことをすれば、子どもたちのやる気に火がつくのかは、普段から子どもたちの様子をいかによく観察しているのかということでしかわからない**です。みなさんのクラスの子どもたちは、どんなことで意欲を燃やすでしょうか。考えてみてください。

【子どもを動かす】自習で失敗しないために

学校の教育活動の中には、ときどき子どもたちに自習をしてもらわなければならないときがあります。教師がいない中で子どもたちだけで活動する場面というのは、これまでの指導の成果が試されるときです。

こういうときに、自習時間が終わった後に「○○さんがしゃべってました！立ち歩いてました。云々…」という報告を受け、指導しなければならないということが多くあります。

せっかく子どもたちだけで活動するのですから、「みんながんばったね、えらいね！」と褒めてあげられる時間にしたいですよね。そこで、自習の時間を有効に活用するためのポイントをまとめてみます。

①やるべきことを黒板等に書いておく

子どもたちだけで進めるためには、やることが明確になっている必要があります。

プリントやドリルなど、子どもたちの力ですぐに取り組めるものを課題として出すことで、スムーズに学習を始めることができます。

また、終わっていない課題の続きをすることもあります。

新聞を書く続きだったり、調べ学習の続きだったりします。

こうした続き物をやらせる場合には、子どもたちが進め方や内容をすでに理解して、自分の力で仕上げることができるのが前提です。

途中で質問が出そうだったり、自分では進められない子が出たりしそうな場合は、避けた方がよいと考えます。また、刃物を扱うなど危険が伴うものは、絶対に子どもたちだけではやらせないようにします。

②少しやりきれない量を提示する

プリントの課題を出すときには、内容と子どもたちの実態を照らし合わせて、その時間の中で終わるか終わらないか、できれば終わらないくらいの課題を出すようにします。

あまりにも量が少なすぎると、早く終わりすぎる子が出てきてしまい、その後の時間を持て余すことになり、トラブルの原因ともなります。

逆に、多すぎる課題は、子どもたちの意欲を奪うことになってしまいますので、注意が必要です。子どもたちが乗り越えられそうな適度なハードルが求められます。

自習の時間を使って、集団のレベルアップ！を目指すのはいかがですか？

【モチベーション】学期の中間を過ぎると、クラスが緩む

新しい学年になって新しい学級が始まると、子どもたちの「がんばるぞ！」という気持ちで上向きな勢いでスタートします。ですが、4・5月の上昇ムードも、6月ごろになると少し下降気味になります。

新しい学級に慣れてきて、目標に対する気持ちが宙ぶらりんの状態になるからです。

このような時期にどのようなことに気をつけるべきかを書いてみます。

年度はじめにクラス全体や個人個人で立てた目標があります。目標を立てたら、その後どうしていますか？

目標を立てるときは、みんなで活発に意見を出し合い、「こんなクラスにしよう」「あんな取り組みをしてみよう」とやってみたい気持ちが高まっています。

しかし、こうした目標は、簡単に達成できるわけではありません。例えば、「仲の良いクラス」という目標を掲げたとしても、1年間ケンカもなく過ごすことができるクラスなんてほぼ存在しないでしょう（もちろん、ゼロではないと思いますが…）。

目標を立てたら、振り返りをして目標へ向けての道のりを修正していかないと、気が付かないうちに回り道をしていたり、全く違う方向へ進んで行ったりすることもあるかもしれません。

こうした修正を行うのが、集団を束ねる教師の役割です。子どもたちの様子を見ていて、４月当初にできていたことができなくなっているな、と感じたときが、緩みが始まるときです。

このとき、教師が声をかけて直そう、という教師主導で行ってしまうと、教師が声をかけないと動かない集団になってしまいます。

そうならないように、子どもたちが自分たちで緩んでいる点に客観的に気がつけるようなしくみを取り入れるのが良いでしょう。

例えば、私のクラスでは、給食の準備時間を計る取り組みをしています。時間という客観的な数値が出ることで、メニューによる違いはあるものの、明らかに時間がかかったときがわかるわけです。

そうなってしまった理由をみんなで考えると、取るべき行動をとっていなかったなど、緩んでしまった部分が見つかります。

このようにして、子どもたち自身で緩みに気がつけるように取り組んでいけるようにしています。

【問題解決能力】けんかやトラブルの対応

クラスの中で一度けんかやトラブルが起きると、その解決のために多くの時間を使いますよね。学校で解決できる問題もあれば、保護者も巻き込んだ大きなトラブルになることもあります。

こうしたけんかやトラブル、できれば起きてほしくないというのが本音です。しかし、けんかやトラブルを経験することは、子どもたちのその後の成長にとって大きな影響を及ぼすことになるのもまた事実です。

また、それぞれ育った環境が異なる30人が同じクラスに集まれば、多様な価値観が存在するのは当然で、そんな子どもたちにとって、けんかやトラブルもなく生活していくことは決して簡単なことではありません。

つまり、集団を束ねる教師としては、けんかやトラブルは起きるものと想定内の出来事として認識し、むしろ、そのときは子どもたちを指導し成長させることができる貴重な機会として捉えられるようにしておくべきです。

ここで集団を束ねる教師に求められるスキルは、けんかやトラブルなどの問題を子どもたちにとってより良い方法で解決し成長へとつなげることができる、問題解決能力ということになります。

具体的には、①**事実確認をきちんとすること**と、②**双方が納得がいくような指導をすること**、の２つを考えていきます。
事実確認は、当事者だけでなく周りで見ていた人も含めて、複数の視点から事実を確認します。事実確認の段階では、教師に思うところがあってもすぐに指導せず、子どもたちから状況などを聞き取ることに力を注ぎます。
複数の人数が絡んでいる場合には、一人ずつ話を聞くのがよいですし、事の大きさによっては、担任一人で聞かずに複数人で聞き取りをした方がよい場合もあります。
事実確認がしっかりできた上で、②の指導に進むのですが、実際は事実確認が不十分であったり、双方の言い分が食い違っていたりするときもあります。

話を聞いて事実確認をすることにも限界があります。大事なのは、今後の子どもの成長に向けて何が必要かという視点なので、完璧に事実が明らかにならなかったとしても、次に向けて自分が改善していく点をはっきりさせて、目標に設定させます。

安易にトラブルを起こした子どもに謝らせて解決としたり、教師が一方的に話して終わったりすることがないように十分注意することが必要です。

【観察力】【問題解決能力】いじめの傾向を見つけたとき

けんかやトラブルのように、表面的に出てくるものについては、その都度教師が解決に至るように指導することで、その後の成長につなげることができます。

しかし、一人でいることが多くなったり、言葉数が少なくなったりと、その子の中で変化が見られる場合もあります。こうした変化は、いじめのサインかもしれません。いじめている当人（たち）には、そこまでの意識がないこともあります。しかし、確実に相手を苦しめているのです。

集団を束ねる教師は、集団の中でいじめを絶対に起こさせない、許さないという強い気持ちを持って指導をしています。

4月当初に子どもたちに示す「叱る基準」（※前出「ぶれない芯をもっておく P34）もその一つです。相手に対して失礼なことである、嫌な言葉を発したり、容姿など身体的な特徴について言及したりすることは、絶対にあってはいけないことであるということをきちんと伝えます。もしそういう場面に出会ったならば、先生は烈火の如く叱るということも最初に示しておきます。

それでも、いじめている当人（たち）の、軽い気持ちや身勝手な気持ちで行ったことで、相手の心に深い傷を負わせることが起こってしまうのです。

教師としては、「絶対はない」という心構えで生活し、いざというときには、被害を受けた子を守ることを最優先にして問題の解決に取り組まなければなりません。

今は、いじめ問題に関する法律ができ、いじめ問題は、担任一人で抱え込むのではなく、チームで解決するのが基本です。まずは、けんかやトラブルと同じように、事実確認から始めますが、複数で聞き取りをするようにします。人数に余裕があれば、第三者の大人に担当してもらうのが理想です。記憶が汚染されないように、子どもたちから出た言葉をそのまま記録していくようにします。

事実確認が終わったら、その内容をもとに校内委員会で検討を行い、実態の把握や解決方法の検討をします。いじめ対応の場合、初期対応がこじれてしまうと後々に影響する場合がありますので、この段階を丁寧に行うことが必要です。

検討した結果をもとに方針を決定し、本人へのケアや、周りの子どもたちへの指導を行います。その後も3ヶ月間の経過観察が義務付けられています。

いじめは、一度起こると心に大きな傷が残ってしまうできごとです。いじめを起こさないのが一番ですが、起こってしまった時には、慎重に対応できるように、頭に入れておかなければなりません。これらの対応は、各学校で定めている「いじめ防止基本方針」に書かれていると思います。年度当初に生徒指導担当から提案されますので、必ず内容を理解しておきましょう。

6月危機を乗り越える

【観察力】【問題解決能力】子ども同士の関係がおかしいな？と思ったとき

6月に入り、子どもたち同士の関係ができてくると、少しずつわかってくることがあります。

それは、子ども同士の力関係です。同じ学年の子ども同士とはいえ、発言力の強い子とそうでない子、勉強やスポーツなどで目立つ子とそうでない子との間で、関係性が変化してくるのです。

表面上は仲良くしているように見えても、明らかに関係性が変化しているな、と感じることがあります。例えば、ある特定の子の言うことを何でも聞いていたりすることがあります。「〇〇さんのために持ってきた」など、必要以上に特定の子のために動くような子も現れるのです。

こうした関係性の変化は、子ども自身が気づいていないうちに、自分を守るためにやっている可能性もあります。こうした変化を放っておくと、2学期以降に大きなトラブルとして表面化する場合もありますので、芽を見つけたときにすぐに摘み取るような対応が必要です。

具体的には、自分のことは自分でやる、というのを徹底させます。「誰かのために」と手伝ってあげたり、良かれと思ってやったりしていることが、実は相手の気持ちを増長させてしまっていることがあるかもしれません。

また、同じ学年の子同士であるということを意識させるために、子ども同士での「注意」はしないようにします。注意するのは集団を束ねる教師の役割で、子ども同士の関係は注意する側とされる側ではなく、何か困ったことがあったときに教え合い助け合う関係です。

この２点を気をつけるだけでも、子ども同士の関係はかなりフラットになります。その上で、やはり強い言葉を使ってしまったり、自分中心な行動をとったりしてしまう子がいたときに、個別に指導をします。

最初から特定の子を指導してしまうと、周りの子どもたちにも間違った先入観を与え、その子にレッテルが貼られてしまう可能性があるからです。

こうした関係性の変化は、毎日子どもたちをよく観察しているからこそ見つけられるのです。集団を束ねる上では、大切にしたいスキルと言えます。

みなさんも、子どもたちの関係性を把握する手段を、いくつか持っておくことをオススメします。

コラム

「叱る」のイメージ変換

みなさんは、叱るのは得意ですか？　私は、苦手なのです。
自分で言うのもなんですが、子どもたちや周りの先生からは、「先生は優しい、叱らない」とよく言われます。
自分では、「そんなことはない、叱っているよ」と言うのですが、子どもたちが思っている叱られ方とは違っているのかも知れません。
人によっていろいろな叱り方があると思います。
声質も口調もそれぞれですから、受け取り方も千差万別ですよね。
私が一番気をつけていることは、叱られたくないから気をつける、という考えにさせないということです。
子どもたちを叱らなければならない場面は、学校生活の中で多くあります。
叱られる経験は、子どもにとって負の記憶かもしれません。
「失敗すると、先生に叱られる。だから、失敗しないようにする。」
こうした思考になってしまうと、先生に叱られないために行動するということになってしまいます。
「失敗しても、先生と一緒に考える機会になる。だから、次もがんばろう。」
このように叱る機会を子どもたちに捉えてもらい、前向きに生活できるような叱り方を意識したいと考えています。

第3章

集団を飛躍させる2学期

■夏休み明けの再スタート
■行事を通して集団を育てる
■子どもたちの変化に気づく
■ 11月危機もプラスに変える

しくみは作っても、うまく行かないことが起こるのが集団です。それを乗り越えてこそ、互いに高め合う集団になっていくのです。
第3章では、2学期に集団を飛躍させるために取りたい手立てについて考えていきます。

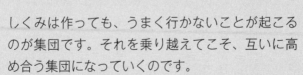

夏休み明けの再スタート

【モチベーション】生活リズムを取り戻す

夏休みは、多くの子どもたちにとって夢のような時間です。毎朝早く起きる必要もなく、友だちと遊ぶ時間も十分に取れます。家族で旅行するなど、普段学校がある時期にはなかなかできないことができるので、心身がゆったりする期間とも言えます。

このような夏休みであればこそ、生活リズムが変わり、夜遅くまで起きてしまったり、日中も昼寝をしてしまったりと、生活リズムが大きく変化してしまうことが考えられます。

大人であれば、休み明けが辛いなーと思っても、やらなければならないことを目の前にすれば「えいやっ」とがんばれる人もいますが、子どもたちの場合はそうはいきません。

学校が再開することに不安を覚えて、学校に行きたくないという気持ちになったり、登校できたとしても、なかなかリズムを取り戻すことができずに体調を崩してしまったりする子もいるかもしれません。

長期休みの後は、生活リズムを取り戻すために、どのような方法を取ればよいのでしょうか。

一つは、あまり焦らずに、徐々にペースを上げていく方法です。最初からがっつり授業を行なっていくのではなく、休み前の授業を復習したり、短い時間での活動を繰り返したりするような構成をして、体を徐々に慣らしていきます。新しい内容を進めるのではなく、これまでに経験があることの繰り返しですから、子どもたちにとっての心理的な負担は少ないです。１コマの授業の中でも、活動の区切りを入れてちょっと休憩してみるなど、子どもたちも教師もモチベーションが保てるような工夫をしていきます。

もう一つは、通常の授業をいきなり再開していく方法です。夏休み前までに１時間の授業の流れを子どもたちとしっかり共有できていれば、いきなりフルで授業をやるこの方法でもついてこられるはずです。ただしこれは、45分座りっぱなしの授業ばかりをしていないことが前提です。座りっぱなし×６時間は、大人でもきついですよね…。

また、グループで活動したり、アウトプット中心の作業を取り入れたりするなど、授業形態を工夫することで、じっと座っていなければならないという心理的な負担を減らし、生活リズムを取り戻していく方法もあります。

生活リズムを戻す方法はそれぞれですし、子どもたちの実態によっても違うと思います。**子どもたちにとってベストの方法で、できるだけ早くリズムを戻してあげること**が、その後の学校生活を安定させることにつながります。

生活リズムを取り戻すための取り組みは、休み前から始まっている、とも言えますので、それを見越した授業づくりをしていきましょう。

【観察力】夏休み前との変化を比べる

休み明けは、４月の学級開きの時とは大きく違うことがあります。それは、子どもたちの様子がある程度わかっているということです。名前を覚えたぐらいで性格や行動面の特徴がほぼ把握できていない４月とは、指導のしやすさが大きく異なります。

それは、休み前の子どもの様子と、比べることができるからです。比較する対象があることで、「成長したな」「元に戻ってしまったな」といった変化がわかりやすくなります。

体の成長など、外見でわかる変化もありますが、言葉遣いなど、外から見ただけではわからないこともあります。**休み明けには、こうした様々な変化に敏感になるようにしておく必要**があります。

具体的には、まずは子どもたち一人ひとりとしっかりコミュニケーションを取るということです。朝、教室で子どもたちを出迎えて、「おはよう」と挨拶を交わします。その際、目が合うか、返事があるか、声色はどうか、ということをしっかり観察できるとよいでしょう。

観察する中で、前と違うな、最近ちょっとおかしいな、ということに気がついたときに、より綿密にコミュニケーションを取るようにします。

普段の生活の中でも、夏休み前と比較できるポイントがあります。それは、授業中の様子です。これは、個人でも集団でも見ることができます。

休み時間にきちんと準備ができているか、ノートなどを書くスピードはどうか、発表の仕方など授業に関する学級の約束を守れているかなど、休み前に確認してきたことがきちんとできているかをあらためて確認します。

もし、できていなかったとしても、「休み前はできていたのに、どうしてできていないんだ」と叱るのは禁物です。できていないときにすることは、正しいやり方を確認することだけです。準備はいつするのか、発表をする際にどうするのか確認すれば子どもは思い出し、またできるようになるはずです。

休み明けに指導が厳しくなりがちなのは、私も経験しています。しかし、指導を厳しくしていくのと反比例して子どもたちの気持ちは離れていきます。

長い休みが入れば、多少前の状態に戻ってしまうのは当然です。休み明けの変化に一喜一憂しすぎず、必要なことをやっていくのがよいのではないでしょうか。

【モチベーション】成長を実感させる

夏休みのような長い休みは、有効に使うことで、子どもたちの力を大きく伸ばすことにつながります。

特に、休み前に学習が十分に定着しなかった子どもたちは、夏休みを使って再度学習することで、２学期のスタートをスムーズに切ることができます。

ただ、教師がついて学習をするわけではないので、ご家庭の協力が必要です。といっても、学童で過ごしていたり家で留守番したりしている子もいると思いますので、端末を使ったオンラインでの学習の見守りが必要な場合もあるかも知れません。一人ひとりに応じた方法をとった上で、学習の定着をはかります。

夏休み中の成長を実感させる取り組みが、夏休み明けの初日に、夏休みに学習したことに関するテストを行うことです。テストによって、子どもが成長を実感していると感じた例を紹介します。

初日にテストを行うのには賛否両論あると思いますが、夏休み前までの学習の確認として行いました。

夏休みの宿題として、冊子になっている復習ワークを渡したのですが、量がそれほど多くないので、前半のうちに終わってしまっている子が多いと予想しました。

そこで、休み明けの初日にテストを計画しておくことで、夏休みが終わる前からテストに向けて必要な学習を行うなど、学習を再起動することをねらったのです。

休みの間に、家族の方の協力もあり、１日の中で学習時間をしっかりと確保できた子にとっては、しっかりと学習をしてきた様子が見られました。

いざその子がテストに取り組むと、休み前とは様子が違い、すいすいと解くことができています。休み前は、計算にすごく時間がかかっていて、指を使って計算することもあったのです。テストが終わった時に、「こんなに早く終わっちゃった。初めてだ」ということをつぶやいていました。

この子は、今まさに自分の成長を実感しているのだな、と思い、テスト中ではありましたが、「がんばって学習してきたからだね」という声かけをしました。その子は、満面の笑みを浮かべていました。このように、機を逃さずに自己肯定感が高まるような声掛けをすることで、その後の成長にもつながります。

成長を実感しやすい場というのは、自分の積み重ねが発揮しやすい、テストなどのアウトプットの場です。**みんなが、「自分が成長した」と実感できるような瞬間が訪れるように**、休み前から計画的に準備をしていくのがよいでしょう。休み中の対応が難しい家庭も把握して、個別のフォローも忘れないようにします。

成長を実感しやすい、漢字や計算の問題で休み明けに確認を行うのがオススメです。

夏休み明けの再スタート

【モチベーション】スモールステップの目標を立てる

学級を自分たちの力でデザインして進んでいけるようにするために必要なのが、学級目標です。第２章では、学級目標について書きましたが、学級目標は、１年後に達成したい目標になります。

これは、大きな目標になるので、一気に達成するのは難しいようなことを設定しています。１年間の目標に対して、学期の目標、月の目標、週の目標、１日の目標と細分化していって、小さな目標を少しずつ達成していくことが、子どもたちをやる気にさせるポイントです。

子どもたちは、毎日５時間、６時間の学習をがんばっています。たくさんの教科がある中で、１日のものを全部がんばれ！と言われるのは大変です。

そこで、学級目標に絡めて、１日の中でこの教科、この部分をがんばる！というところを決めて、今日のめあてとして設定するようにします。

私のクラスでは、日直が今日のめあてを朝の会のメニューの中で発表します。日直は、１日の予定を見ながら、朝の会の前に日直同士で相談して決めています。朝の会での発表とともに、黒板に貼る短冊黒板にめあてを記入しておきます。こうすることで、黒板というすぐに目に入るところにめあてがあり、意識しやすくなるというわけです。

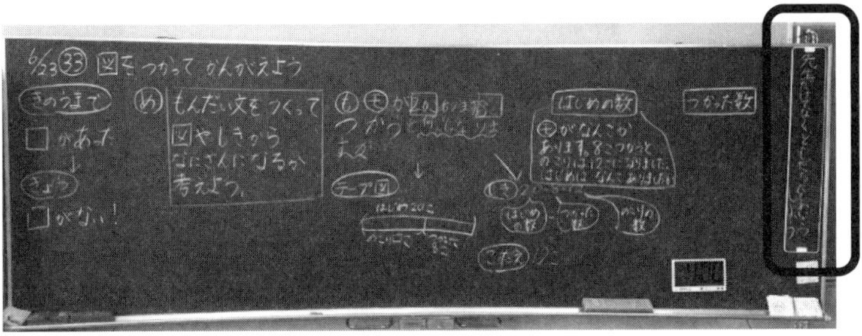

朝の会で決めためあては、帰りの会で振り返りを行っています。「今日のきらりさん」というコーナーを設け、めあてについてがんばっていた人を紹介しています。

以前は、達成できた人に挙手させてその人数を数えていたのですが、形骸化してしまったのでやめました。学校生活の中には多種多様なめあてが存在します。めあての海に溺れてしまわないように、目の前にあってしっかり掴むことができるめあてを設定することが大事だと思います。

まずは１日のめあてから。**スモールステップで、達成を積み重ねていけるようにする**ことが、学級目標達成への道です。

スモールステップが可視化できるように、このようなカードをつくり、机の上など見えるところに貼るアイディアもあります。

めあて					
	月	火	水	木	金
1					
2					
3					
4					
5					
6					

【モチベーション】手が届く目標を設定する

第１章❽ですでに説明した通り、目標設定にはいくつかの種類があります。長期目標は、１年間の目標として変わりませんが、中期目標については、その時々の実態に応じて、柔軟に変化させていくのがよいです。

目標が大きすぎた場合、子どもたちにとって、具体的なステップを踏んで目標を達成することは難易度が高く、モチベーションが低下してしまうことにつながります。

これを防ぐために、目標を下方修正することも必要になってきます。下方修正をすることが、子どもたちにとってはネガティブなイメージに映るかもしれません。

しかし、「目標を達成できない」としてしまうことは、集団としても方向性を見失って迷走してしまうことにつながってしまいます。

それを防ぐためにも、現時点で達成できていないことを明らかにして、そこからがんばれば達成できるところに目標を再設定し、新たなスタートを切るのがよいのではないでしょうか。

具体的には、子どもたちにクラスの現状を聞いてみます。

やり方は、フォームを使ったアンケートを行い、集計を可視化するのがよいでしょう。

４月から一緒に過ごしてみて、お互いの様子がよくわかってきた中で、４月の時点では考えていなかったことを考えるようになります。

子どもたちも、日々成長しているのですから、見え方が変わるのは当然です。

４月の期待がふくらむ中で立てた目標は、どうしても期待値が含まれますので、大きくなりがちです。目指すところは高い方がいいので、最初は大きい目標でもよいでしょう。しかし、**現実が見えた時に、修正することができる能力を育てておくこと**も、集団を束ねる上では必要です。

手が届くところに目標を修正し、みんながそれを共有してその達成に向かって進んでいく。そんなリスタートができるのが理想です。

Microsoft の forms を使うと、集計結果の傾向をワードクラウドのように示してくれるのでわかりやすいです。

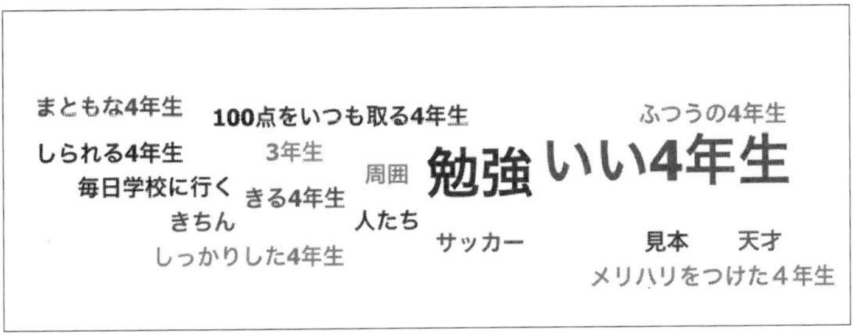

【子どもを動かす】何のために行事をやるのか？

学校生活を彩るものとして、学校行事があります。始業式、入学式から始まり、運動会、校外学習…そして卒業式に至るまで、多くの行事をする中で、みなさんは、どのようなことを考えて指導していますか？

運動会を例に取り上げると、運動会は子どもたちにとってどんな行事でしょうか。徒競走や、表現種目（ダンス等）など、それぞれの種目が得意な子たちにとっては活躍の場になりますし、そうではない子にとっては、ちょっと苦しい時間になるかもしれません。

共通して言えるのは、**運動会という行事を通して、どのような力をつけたいのか？**　という目標がないと、得意・不得意という括りになってしまうということです。

運動会は、スポーツの大会ではなく、学校行事の一つなのですから、学校教育目標の具現化の一つとして行われるわけです。

そこには、例えば「仲間と協力する」とか、「最後まであきらめない」というような、スポーツの結果よりも上位の目標があります。この目標を、子どもたちと共有した上で、毎回の指導にあたると、集団として行事の成功に向かっていく姿勢が明確になります。

このことに気がつく前は、例えば表現種目で技を成功させることがメインになってしまい、練習時間を何時間もオーバーしたり、真剣に取り組んでいない児童に対して強い指導をしてしまったりすることもありました。

これは、運動会だけでなく、一つひとつの行事において言えることです。初回の練習の際に目標を共有し、毎回その目標を確認すること、できればそれは子どもたちの言葉で表すことができるとよいです。

みなさんだったら、どんな目標をたてて臨みますか？

子どもたちとは、このようなワークシートを用意して、めあてを意識して、行事を通して子どもを育てます。めあてや予定、練習の振り返りなどの情報を一覧にすることで、その表示を通して自分自身の歩みが可視化されるので、学びを自己調整することにもつながります。

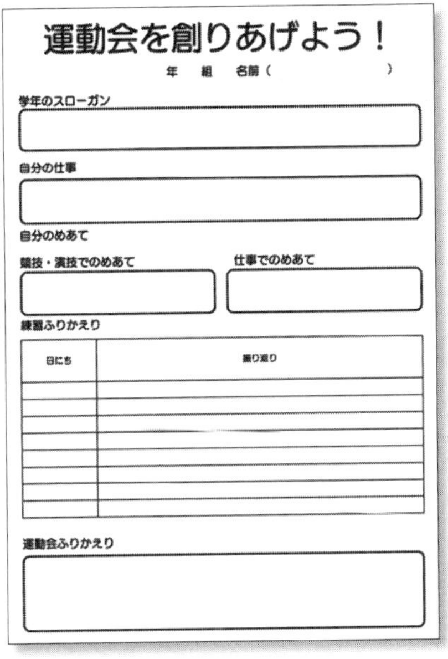
運動会を創りあげよう！

年　組　名前（　　　　）

学年のスローガン

自分の仕事

自分のめあて

競技・演技でのめあて

仕事でのめあて

練習ふりかえり

日にち	振り返り

運動会ふりかえり

【子どもを動かす】変更が多くなると乱れる

行事の際によく起こるのが、時間割の変更によるトラブルです。

運動会や音楽会などの行事では、本番に向けて体育館や校庭などの特別割り当てが組まれて、それに合わせて練習日程を組むのが一般的です。

そうすると、通常の時間割とは違う日程を組むことになりますので、変更が多くなります。

こうした変更にすぐに対応できる子どもたちなら大丈夫ですが、中には対応するのが苦手だったり、パニックになったりしてしまう子もいますよね。

また、先生方の指導に熱が入って、つい時間をオーバーしてしまったり、急遽練習時間を追加してさらに時間割変更･･･なんてパターンもあります。

変更の連鎖は、子どもたちに臨機応変の対応を求めますので、当然うまくいかないこともあるわけです。それに対して先生が叱ってしまうようなことが繰り返されれば、あっという間に行事が大嫌いな子どもたちが増えていってしまいます。

こうしたトラブルを防ぐためには、**事前に打てる手をしっ**

かりと打つことが大切です。

まずは、時間割の変更を確実に伝えることです。割り当ては事前に決まっているのですから、少なくとも前日、最悪当日の朝までに、予定が変わったことを伝えておきます。

できれば、予定が変わったことによって起こりうるトラブルについても事前に説明しておくとよいですね。例えば、練習の後、移動教室の授業が組まれているので、時間が足りないことが予想される場合は、事前に移動教室の授業の準備も含めて用意しておくように伝えると、子どもたちが動きやすくなります。

練習の前後の時間の授業は、少し余裕を持った計画にしておくこともいいアイディアです。早めに終わって準備したり、練習時間が延びても子どもたちを焦らせたりすることなく進めることができます。

一番は、前後の授業に影響が出ないように、行事の練習計画を綿密に立てることです。こちらも、子どもの実態を見て、余裕を持った計画を立てましょう。主役は子どもたちで、保護者や周りの教師に見せるために行事を行うわけではないですから。

こうした計画は、教師だけのものではなく、子どもと共有するものです。掲示して、自分で行動できるようにします。

うんどうかい れんしゅうけいかく（3・4年）

日	ようび	時間	ないよう
28	火	③	ダンス：ふりつけをおぼえる
29	水		
30	木		
1	金	⑤	ダンス：ふりつけをおぼえる
2	土		
3	日		
4	月		
5	火		
6	水		
7	木	②	ダンス：ふりつけをおぼえる
8	金	⑤	ダンス：外でならびかたをおぼえる
9	土		
10	日		
11	月	②	ダンス：ならびのかくにん 80、ぐうぜん：ならびのかくにん
12	火	⑤	ぼうひき：やりかたのかくにん ダンス：れんしゅう
13	水		
14	木	② 全③	ぐうぜん：やりかたのかくにん ダンス：れんしゅう
15	金	⑤	80：ためしのきょうぎ ダンス：れんしゅう
16	土		
17	日		
18	月	② 全③	ぐうぜん：ためしのきょうぎ ダンス：れんしゅう
19	火	②	ダンス：さつえい（いしょうあり）
20	水	⑤ 全③④	全体れんしゅう：ぼうひきためし ダンス：なおし
21	木	①	80、ぐうぜん：にゅうたいじょう ダンス：しあげ
22	金	④	ぼうひき：にゅうたいじょう ダンス：さいしゅうかくにん
23	土	運動会	

【観察力】【受容】苦しんでいる子に気づく

学校行事は、目標に向けて集団として一丸となって取り組んでいく大イベントです。教師は何ヶ月も前から行事に向けたアイディアを考え、学年の職員で企画を練り、どのように子どもたちを指導していくのかを考えていきます。

教師は、学校行事を成功に導くために、熱意を持って子どもたちに指導をします。例えば運動会の表現種目であれば、割り当てられた練習時間に精一杯指導するのはもちろん、休み時間を利用したり、授業時間を変更したりして指導し、完成度を高めようとします。

こうした教師の熱意に、子どもたちは応えてくれて、より良いものを見せようとがんばってくれるのですが、全ての子どもたちがその教師の熱意に応えられるわけではありません。

行事が近づいてきても、子どもたちには日常の生活があります。その中で、疲れが溜まってきて体調を崩すこともあるでしょう。

教師が熱意を持って指導をするのが悪いわけではありませんが、**主役は子どもたちですので、主役が蔑ろにされてしまうような行事になってしまわないように気をつけていきましょ**

う。

具体的には、行事を進めていく際には、普段以上に子どもたちの様子に目を配り、変化に気づけるようにする必要があります。

先ほど運動会の例で挙げたように、それぞれの行事において、全員が行事に前向きなわけではありません。中には、行事に対する苦手意識を持っていたり、行事の指導がきっかけで学校へ足が向かなくなったりすることもあります。

こうした子どもたちの変化に気づけるようにするためには、ちょっとした言葉遣いや行動などに着目して、子どもたちの様子をよく観察するようにします。

子ども自身の言動に表れるときもありますし、子ども同士でのやりとりから見つかるかもしれません。

いつもと違う様子が見られた時に、いつも以上に子どもたちとコミュニケーションを取って、その原因を早めに見極められるようにします。

場合によっては、計画を変更したり、個に応じた手立てを打ったりするといったことも必要になります。

子どもたちの様子をよく見て、行事の指導を進めていくことで、集団を育てるための行事になるようにします。

【コミュニケーション】【フェアネス】ノートで会話する

集団を束ねるためのしくみとして、集団の全員と関係を作ることは必須ですが、そのためのスキルとして、コミュニケーションノートを使うという方法があります。

ある年のクラスでは、月曜日の朝に、日記を書く取り組みを行いました。４月に全員に日記ノート（B5のハーフサイズ）を配付していて、自主学習の一環としてやっていた子もいたのですが、学校の取り組みとして、書く力の向上を目指すものとしてやっていくことにしました。

日記には、その子の個性が表れます。思っていることを詳しく書いてくれる子、毎週同じ習い事について書いている子、出来事の描写が得意な子、絵を描くのが得意で文章は短い子、などなど。

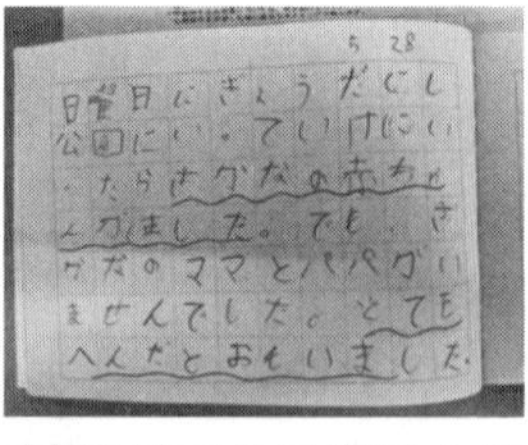

日記は、その子と教師との一対一の対話ができる貴重な場ですので、コミュニケーションツールとしても有効です。ですから、できれば丸や線だけでなく、コメントまで書いていきたいところです。毎回十分にできないときもありますが…。

私のクラスの日記帳には、「はひふへ本」という名前がついています。これは、有田和正先生のご実践「はてな帳」を、筑波大学附属小学校で有田先生の後任をされた都留覚先生が「はひふへ本」として取り組まれたことを追試させていただいています。

「はひふへほ」には、次のような意味があります。

は　……　はっとしたこと
ひ　……　ひどいなーと思ったこと
ふ　……　ふしぎだなーと思ったこと
へ　……　へーっと思ったこと
ほ　……　ほんと？と思ったこと

この５つの視点は、社会の中から自分の「問い」を見つけることにつながり、そこから追究が始まっていくのです。主体的・対話的で深い学びのスタートラインは、子ども自身が持つ「問い」だと思います。こうした問いを日常的に持てる子に育っていけば、未来が予測困難なこの時代を、自分で切り拓いていける子になるのではないかと思います。

ただ、あったことを日記に書くのではなく、自分からネタを探すような子になってほしいと思います。

社会といってもその範囲は様々です。学校や家庭で起きたことを書いてくれる子もいます。誰にも邪魔されないノートの交換で、一人ひとりとじっくり向き合う時間をつくってみましょう。普段、30 人の前では見せない姿を見せてくれる子がいるはずです。

子どもたちの変化に気づく

【モチベーション】【受容】高みを目指す

「手が届く目標を設定する」では、目標を下方修正することで、成功体験につなげ、自己肯定感を高める取り組みを紹介しましたが、目標の再設定は、下方修正だけではありません。

場合によっては、目標を達成したのでさらにレベルの高いところを目指していく、という上方修正もあり得ます。目標を上方修正できるときは、クラスがうまく回っている場合が多いですので、教師が思っているよりもさらに高みを目指すことができるのではないでしょうか。

上方修正の仕方はいろいろあります。今まで取り組んできたことの幅を広げるような修正もあれば、全く新しい取り組みにチャレンジする、という修正もあります。

例えば、集団としてのレベルを上げるために、これまで教師が決めてきたことを、子どもたちに決定権を委ねるというものがあります。決定権が子どもに移るということは、子どもたちへの信頼感が増していることを意味していて、子どもたちにとっては大きな喜びになります。

子どもたちのモチベーションアップにつながり、このサイクルを繰り返していくことで、より高い目標を設定していくことが可能になります。

一つ、具体的な実践例を挙げます。それは、席替えです。席替えは、子どもたちが安心して生活を送ることができるように、教師が様々な配慮をして決定することが多いです。その席替えを、子どもたちに委ねる実践をしてみました。

そのやり方は、自分たちで決めるというものです。席替えの意義や方法については、多くの方が様々な見解や方法を示されていますので、実態や目的に合わせて決めます。今回自分たちで決めるという方法にしたのは、自己選択の機会を増やすためです。

夏休み明けくらいから、自己選択の機会を増やすために学習や生活の様々な場面で自分で考える場面をつくります。その一環で、座席も自由に選んでもらうようにします。自分で考えて選ぶことで、最初は仲のいい友だちと近くになることを優先に考えていく子が多いと思いますが、学習の効果を高めるためという目的も話しているので、何回か繰り返すうちに適切な選択ができるようになると考えます。

次の席替えのときは同じ席に座らない、同じようなメンバーで近くにならない（固定化しない）といった制限も最初につけているので、考えながら席を選んでいくことになります。席替えのように、子どもに委ねる場所を増やしていくことで、子どものモチベーションアップにつなげるのはいかがでしょうか。

【モチベーション】金曜日の６時間目を大切にする

ある年、私のクラスの時間割は、金曜日の６時間目、つまり１週間の最後の時間を学級活動（学活）の時間に設定していました。

１週間の最後の時間では、子どもたちも教師も疲れていますよね。

かなり前から１週間の最後の時間は学活に設定していたのですが、最初の頃は、遊ぶ時間として設定していました。クラスレクをしたり、誕生会をしたり…。

これはこれで有意義な時間だったとは思いますが、遊ぶだけでは意味がないです。何か目的があって遊ぶという、上位の目標が必要です。これは小学校学習指導要領の学級活動の内容⑴にあたります。

学級活動の内容は⑵と⑶もあり、自己成長や自己実現に向けた取り組みです。この⑴⑵⑶をバランスよく取り入れる必要があります。

そこでよく行っているのは、１週間の振り返りです。

１週間の自分の生活を振り返り、次の週への目標を持って１週間を終わる。そんな考えから、金曜の最後の時間に学活を設定するようになりました。

この時間では、振り返りを行うためには、週の初め（もしくは前の週の終わり）に、その週の目標を立てておく必要があります。

この目標は、１週間単位のものなので、そこまで大きくはなく、毎日確実に達成できるような目標です。例えば、チャイムと同時に学習をスタートさせる、授業中に自分の考えを１日１回は発表する、などです。

また、もっと教科の中に落とし込んで目標を立てている子もいました。国語の漢字テストで100点を取る、算数の○○の問題を完璧にする、などです。

生活や学習の両面において、子どもたちが忘れることなく意識できる短期目標を設定しておくことで、休み明けの生活がメリハリのあるものになります。

この１週間ごとの振り返りの書き方は、葛原祥太先生の「けテぶれ」実践に基づいています。

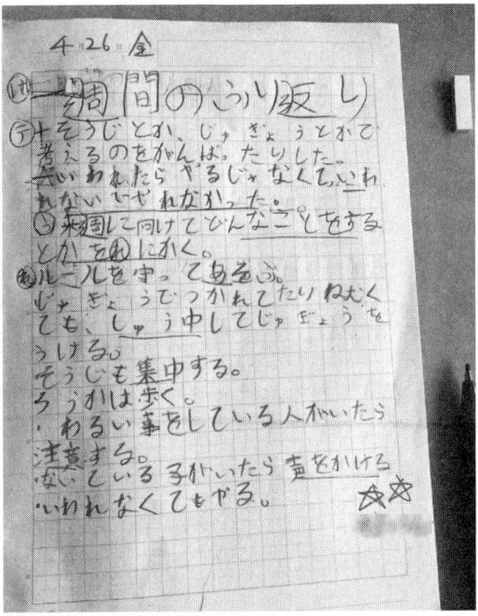

【フェアネス】【観察力】目立つ子が出てきた時に

２学期になると、クラスの雰囲気に慣れてきて、多くの子どもたちが自分らしさを大いに発揮するようになります。

そのような中で、集団のルールに適応することが難しく、外れてしまうような子が出てくることがあります。

中には、大きな声を出したり、離席をしたりして、授業を妨害してしまうような子が出てくる時もあります。

私がこれまで経験したクラスの子どもたちの中にも、様々な要因からこのような行動をしてしまう子がいました。

このように、クラスの中で目立ってしまう子が出てくると、集団を束ねる上ではついそのような子に目が行きがちになり、対応もかかりきりになってしまいます。

しかし、クラスには30人の子どもたちが生活をしているわけで、どの子にとっても先生は一人です。先生がある子にかかりきりになっていると、「自分は大切にされていない…」という印象を持たれてしまう可能性があります。

そうならないためには、どのようなことに気をつければよいのでしょうか。

目立ってしまう子には、どうしても手がかかります。でも、そういう子に手をかけることができるのは、その他に自分の力で自分のことをきちんとできている子がいるからです。

そういう「当たり前のことが当たり前にできている子どもたち」にも、声をかけ続けることが大事です。目立つ子の対応もある中で大変だとは思いますが、「ちゃんとできていてえらいね」「〇〇しておいてくれてありがとう」と言ったプラスのメッセージを届けて、「あなたたちも見ているよ」ということを伝えるのです。

そうすることで、みんなが安心感に包まれ、先生にも協力しようという雰囲気が生まれてきます。

教師はあくまでも、30 人全員の教師ですので、どの子にも同じように目を向けることが大切です。もちろん、子どもによって特性は違いますので、目の向け方は異なりますが、相手に届くような声のかけ方を意識しておくことが、集団を束ねる上で重要なスキルになるでしょう。

一筆箋を使って

一人ひとりに直接声をかけるのはもちろんですが、一筆箋を使ってメッセージを届けるのも効果的です。私は、おにぎりママのお店から発売されている「おにぎり一筆箋」を使っています。子どもたちからも、保護者からも好評です。

【モチベーション】大きな行事がなくても、イベントを仕組む

6月と同じく、2学期の折り返しである11月にも、集団生活を送る上で不安定になりやすい時期があります。多くの学校では、10月ごろに運動会や学習発表会、音楽会など、大きな行事が組まれており、11月はそれらがちょうど終わった後で、子どもたちもちょっと気が抜けやすい時期なのです。また、1年間の折り返しも過ぎ、次の学年への足音も少しずつ聞こえ始めます。前の学年の影響はなくなり、起こっている現象は良くも悪くも全てその年の指導の結果ということになります。この時期には、子どもたちがより飛躍するような仕掛けをしていくのがよいでしょう。

フリーランスティーチャーの田中光夫先生が紹介されていた、木附隆三先生が30年以上前に考案した「ビー玉貯金」という実践を参考にさせていただきました。

学級目標の達成に向けて、このビー玉を貯めていくことにチャレンジします。題して、ビー玉チャレンジです。

発端は、子どもたちからの「パーティーやりたい！」という声でした。よく学期終わりなどに行われる「お楽しみ会」を、ビー玉が貯めることで、子どもたちがその権利を得て開催で

きるようにするわけです。

やるにあたっては、子どもたちと一緒に、どのようなことをクリアしていきたいのかを話し合いました。ある年では、クラスの目標が「ぽかぽか」なので、そのぽかぽかを達成するために必要なこと、という視点を明確にして話をしていきました。

ぽかぽか、あかるい、ほめられる、がんばれる、ですので、がんばれることとして、給食の配膳時間を短縮することや、授業開始時刻をみんなで守ることなど、もう一度しっかりと確認したいことを基準にしていきました。

もちろん、それ以外にも、みんなのためになるような、ほめられるような行動には積極的にビー玉を貯めていき、達成できるようにしていきたいと考えています。

がんばりが可視化されるので、子どもたちもがんばりやすいです。

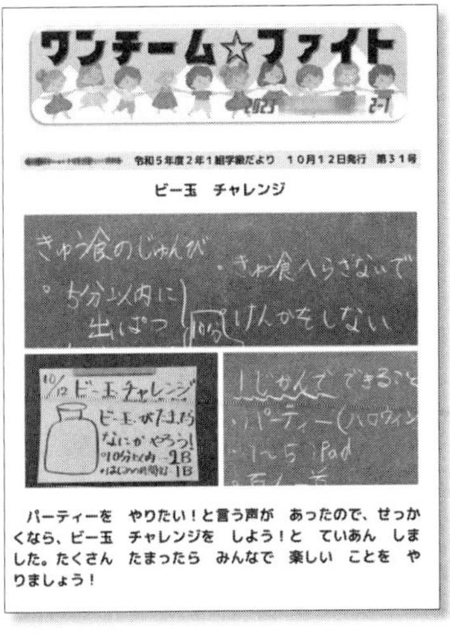
ワンチーム☆ファイト

令和5年度2年1組学級だより　10月12日発行　第31号

ビー玉　チャレンジ

パーティーを　やりたい！と言う声が　あったので、せっかくなら、ビー玉　チャレンジを　しよう！と　ていあん　しました。たくさん　たまったら　みんなで　楽しい　ことを　やりましょう！

クラスが中だるみしやすいこの時期に、起爆剤になってくれればと考えています。

こうした**イベントを仕組むことで、子どもたちのモチベーションを維持**しつつ、普段の授業でつける力とはまた違った視点から、子どもを育てることに繋げます。

【モチベーション】【コンフリクトマネジメント】自分たちでつくりあげる経験をする

ここでは、前項の「ビー玉チャレンジ」を、達成したときのことを紹介します。

そろそろビー玉が目標まで貯まりそうだったので、この日にパーティーができそうだなと考えていました。そして数日後、実際に貯まったことを、子どもたちに伝えました。

1回目のパーティーをすることになり、ちょうどハロウィンの日だったので、ハロウィンパーティーにしようということになりました。

「ハロウィンパーティーをするよー」と朝に話をして、早速ハロウィン飾りをつくりました。家から仮装グッズを持ってくるのは、様々な家庭環境がある中で、差が出てしまうのは良くないかなぁと思いましたので、やっていません。

学校の中で、みんな同じ条件でやることがいいなぁと思っています。折り紙でお面やステッキをつくったり、体にペイント（サインペンでデコる）をしたりしていました。

実際のパーティーは、みんなで楽しめるレクということで、定番の「爆弾ゲーム」「なんでもバスケット」「名探偵ゲーム」をしました。ルールが単純でみんなが楽しめるゲームをすることで、楽しく終われるようにしました。

今回、一回経験したことで、また次もやろう！という気持ちにつながり、子どもたちが、そのためにビー玉チャレンジをがんばってくれることを期待しています。こうした繰り返しが、子どもたちの意欲づけになっていくからです。

ワンチーム☆ファイト
2023　2-1
小学校　令和５年度２年１組学級だより　１０月３１日発行　第４１号

ビー玉チャレンジ　せいこう｜｜

ビー玉チャレンジがせいこうして、みんなで　ハロウィン　パーティーを　することに　しました。かざりを　よういして、みんなで　あそびます！

「パーティーをやる」ということは教師から投げかけたものの、その内容や、進行については、子どもたちにやってもらいました。**自分たちでつくり上げる経験は、集団としても大きな成長につながります**。

当然、初めての経験であれば、うまくいかないこともあり、子どもたち同士での意見の対立も起こります。でも、共通の目的がありますので、その解決に向けて意見を擦り合わせようという気持ちになります。

集団生活においては、目標の設定がしっかりしていれば、途中にいろいろなことが起こっても、回り道をしても、ゴールに向かって進んでいくことができます。

子どもたちの力を信じることで集団を成長させていきましょう。

【コンフリクトマネジメント】クラス会議で課題を改善する

子どもたちが自分たちの課題を改善していくための手法として、クラス会議の実践があります。
クラス会議のやり方も様々にあると思いますが、私のクラスでの実践を紹介します。

私のクラスでは、給食の準備に時間がかかってしまう時期がありました。また、残食がなかなか減らないのも悩みどころです。
そこで、クラス会議を開いて、みんなで解決策を話し合うことにしました。
私のクラスのクラス会議は、阿部真也先生のダダくま会議を参考にしています。
まずは，議題や提案理由を確認した後で、話し合うべき柱を出します。この柱が話し合う内容ですので、今回のテーマで言えば、「給食の準備に時間がかかるのをどうすればよいか」「残食を減らすにはどうすればよいか」ということです。
その後、柱について、各自の意見を出し合う、話し合いをします。

給食の準備に時間がかかるのには、いくつか原因があると考えています。

一つは、各自がやるべきことをちゃんとわかっていないということです。４時間目の勉強が終わり、給食の時間が始まったときに、クラスの全員が何をすべきかがわかっていないと、話したり遊んだりする子が出てくるわけです。

そのような状況を防ぐためにも、各自の役割をはっきりとさせることが重要です。

一人ひとりの役割を再確認して、全員が目的に向かって行動することで、できるだけ短い時間で準備を終えられるようにします。

準備が早く終わるということは、その分喫食時間が長くなるということなので、残食を減らすことにもつながります。

残食を減らすことについても、一人ひとり食べられる量が違うので、その子に応じた量を食べられるように、となります。

こうして意見を出し合い、自分たちの行動の改善につなげる手法を取ることで、「自分たちの課題を自分たちで解決する」という構図になり、これはまさに社会の縮図と言えます。

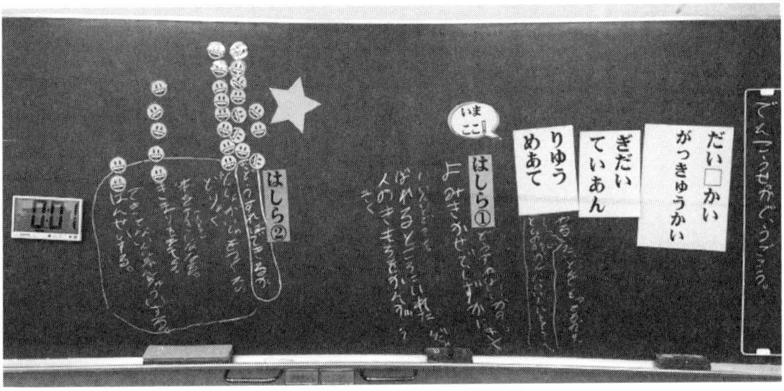

コラム

学期をしめくくる

１年間の学校生活の中で、節目となる終業式が、３学期制では3回、前後期では２回あります。

その締めくくりの時期に、どのようなことをするのが相応しいのでしょうか。

一つの実践例として、菊池省三先生の実践、「白い黒板」と言うものがあります。古舘良純先生の Voicy で知り、さっそくやってみました。

黒板を上下半分に分け、下半分に今学期に成長したこと、上半分に、来学期に頑張りたいことを書いていきます。

クラス全員の思いによっていっぱいになった黒板をもとに、自分たちの成長を自己評価･相互評価することができました。

次の学期のスタート時まで黒板を残しておくことで、長期休み明けのめあて決めもスムーズにできます。ちなみに、この板書は１年生の２学期末です。どの学年でも、十分にできる実践だと思います。

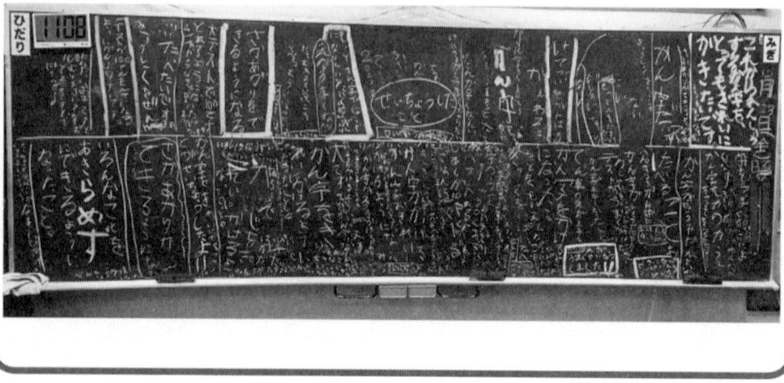

第4章

1年間を締めくくる3学期

■次の学年へのスタート

この第４章では、冬休み明けから年度末にかけて、集団を次のステージへと引き継ぐ時期のことを書いていきます。集団を束ねるスキルとして１年間の流れを書いてきましたが、最後は教師が集団を手放すことになります。そうなった時に、子どもたちに残るものがあるか。それが、１年間の学級経営の成果なのです。

次の学年へのスタート

【モチベーション】しくみを手放す

年度の後半に向けて、学級のしくみでいくつか変えたことがあります。積み上げてきたものを変えてしまうのは、子どもたちにとって不安なこともあると思います。ですが、ここは、理由があって、あえて変えることにしました。

変えたのは、一人一役の当番です。一人一役当番の良いところは、クラスの全員に役割を与えることで、全員に帰属意識を持たせることができることです。

しかし、デメリットとして、自分の与えられた仕事「しか」やらない、という子が生まれてしまう可能性があるということが考えられます。クラスというまとまりで考えた時に、自分のことしか考えない子が育ってしまうおそれがあるのです。

そこで、思い切って一回やめてみることにしました。クラスに必要な仕事は、気がついた人が進んでやることにしました。

このやり方にすると、（実際にそうだったのですが）「この仕事は私がやりたかったー」とか、「やらなくていいんだイェーイ」みたいな子が出てきます。

そこにはあえて注目せずに、その後に仕事を進んでやってくれた子に注目していき、自分から進んでやることへの価値づけをしていきます。

一人一役当番をやめたその日から、配りの仕事や、給食のときのアルコール消毒の仕事などを進んでやってくれる子がいました。

何をしたらよいかがわからない子もいますので、最初のうちは仕事の一覧を掲示しておいて、その中から自分がやれることを選べるようにしておくのもよいです。その名も、「ありがとうばん」です。特定の仕事だけでなく様々な仕事を経験できるので、その後の子どもたちの生活にとってもメリットが大きいと考えています。もし、仕事が滞ってしまうようなことがあれば、朝の会や帰りの会のメニューの中で、「ボランティアタイム」というコーナーを設けてみるのはどうでしょう。３分間時間をとり、クラスのためになる仕事をする。こうした経験が、「クラスのためにできることはないかな？」と仕事を探す目を育てることになります。

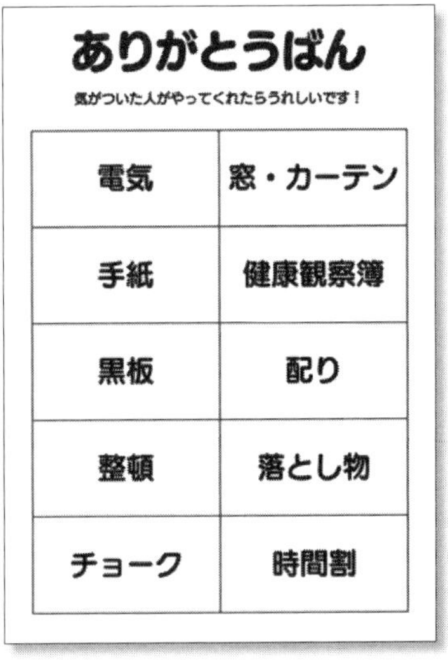

子どもに委ねることを増やして、自分で考えて行動するくせをつけることで、先生が束ねる集団から子どもたちが自走する集団へとステップアップさせるのです。

【モチベーション】どんな○年生になりたいか

この問いは、３学期の初めにするときもありますし、場合によっては年度初めにすることもあります。次の学年のことについて話すということは、裏を返すと、今の学年でできなければならないことができて進級する、ということになります。

子どもたちのモチベーションを高めるためのこの方法、集団づくりがうまくいっているときはもちろん、ちょっと苦しいときにも効果的です。終わりが見えている＝次の学年への希望が見えている段階なので、子どもたちにも取り組みやすい実践です。

まずは、4月からこれまでの自分（たち）の生活を振り返って、自分たちができるようになったことを思いつくかぎり挙げます。学習面や生活面など、いろいろな局面で成長を感じられるところがあると思いますので、お互いを認め合いながら、成長した点を出していきます。これは学期始めにやってもいいですし、前の学期の終わり、終業式の日にやっておくというのも効果的です。

菊池省三先生の「白い黒板」の実践が有名です。なぜなら冬休みの間に、忘れてしまうこともあるからです。

次に、なりたい自分たちの姿を想像します。年度初めに、どんな何年生になりたいのか？ということを考えていれば、それを使うこともできますし、もしできていなければ、今現在の、上の学年の子どもたちの姿を想起させて考えさせます。

理想の姿を考えさせた時に、自分たちの今できていないところが可視化されます。その**できていないことを３学期の間にできるようにしようというモチベーションの高め方**にするのです。

そこでは、集団として目標を立てましょう。例えば、授業に積極的に参加して、発言するという目標を立てた場合に、それを個人個人に委ねてしまうのではなく、クラス全体として、どれぐらいの数の発表を目指すのか？を考えさせます。理想は全員発表だと思いますので、その姿をみんなで目指すという目標を共有します。その１つの目標だけで、３学期間全部を通してしまうのはモチベーションの低下につながりますので、だいたい３学期が50日ぐらいだとすると、例えば、それを10日ずつに区切って、10日ごとに１つの目標をクリアしていくようにする、というようなスモールステップで計画します。カレンダーにすることで、達成したことや残り日数も可視化されます。

		5年生まであと	主な行事	目標
12月4日	水	68		
12月5日	木	67		
12月6日	金	66		
12月7日	土	65	学習発表会	
12月10日	火	64		
12月11日	水	63		
12月12日	木	62	出前授業	
12月13日	金	61		
12月16日	月	60		
12月17日	火	59	芸術鑑賞教室	
12月18日	水	58		
12月19日	木	57	学期末日課	
12月20日	金	56	学期末日課	
12月23日	月	55	終業式	
1月6日	月	54	始業式	
1月7日	火	53		
1月8日	水	52		
1月9日	木	51	席書会	
1月10日	金	50		
1月14日	火	49		
1月15日	水	48		
1月16日	木	47		
1月17日	金	46	のりすき体験	
1月20日	月	45		
1月21日	火	44		
1月22日	水	43		
1月23日	木	42		
1月24日	金	41		
1月27日	月	40		
1月28日	火	39		
1月29日	水	38		
1月30日	木	37		
1月31日	金	36		
2月3日	月	35		
2月4日	火	34	朝会で新聞発表	
2月5日	水	33		
2月6日	木	32		
2月7日	金	31		
2月10日	月	30		

		5年生まであと	主な行事	目標
2月12日	水	29		
2月13日	木	28		
2月14日	金	27		
2月17日	月	26		
2月18日	火	25		
2月19日	水	24		
2月20日	木	23	2分の1成人式	
2月21日	金	22		
2月25日	火	21		
2月26日	水	20		
2月27日	木	19		
2月28日	金	18		
3月2日	月	17	6年生を送る会	
3月3日	火	16		
3月4日	水	15		
3月5日	木	14		
3月6日	金	13		
3月9日	月	12		
3月10日	火	11		
3月11日	水	10		
3月12日	木	9		
3月13日	金	8		
3月16日	月	7		
3月17日	火	6		
3月18日	水	5		
3月19日	木	4		
3月23日	月	3		
3月24日	火	2		
3月25日	水	1	修了式	

次の学年へのスタート

【リーダーシップ】
教師の存在感を消す

３学期に特に意識したいことは、教師が存在感を消すということです。集団を束ねる、という意識で４月から学級経営をスタートしてきていると思いますが、３月になれば、そのクラスは解散し、次のクラスへと旅立っていくわけです。ですから、学級担任の○○先生の影響力は、最後はなくなって次のクラスに行くのが理想的です。

ですが、子どもたちにとっては、○○先生との１年間は、クラスがうまくいっていてもそうでなかったとしても、一生に一度しかないその学年ですので、心に残っていると思います。思い出としてはそれでいいのですが、行動としては、先生がいなくてもできるということを、子どもたちに意識させたいですし、その先生の特徴的な実践というものの割合も、少しずつ少なくしていけるのはよいのではないかと思います。

今、この書籍を手に取って頂けていたり、研究会等に行っていろいろな先生の実際の話を聞いたりして、自分の実践に取り入れていらっしゃるような先生方は、残念ながらものすごく多いというわけではありません。

最近の教育実践のトレンドである、自由進度学習も、もし読者の先生が学ばれて、自分のクラスで取り入れるとなったら、かなり特徴的な実践と受け取られられてしまうかもしれません。これまで積み上げてきた教育のあり方が大きく変わるには、少し時間がかかるところもあります。自分の個性を出すということも大切ですが、次年度他の先生のクラスになったときに、子どもたちが困らないようにしておくという視点も大切にしたいと思っています。

具体的には、これまで書いてきた様々なスキルを少しずつ手放す、ということです。例えば、子どもたちに指示を出す時に、スモールステップで指示を出すことや、イラストなどを添えてわかりやすく説明をする、ということを紹介してきました。しかし、最後までそれでやり通してしまうと、子どもたちはその指示や説明がなければ動くことができないという状態になってしまうかもしれません。もちろん新しく取り組むものについては丁寧な指示・説明が必要だと思いますが、毎日のルーティンであったり、過去に一度体験したことがあったりするものについては、声かけの量を減らし、説明や指示がなくても子どもたちが自分たちでできるようにする、ということを教師が意識しておきます。

また、２学期までは、子どもたちに委ねつつも、必要なときには声をかけてきたイベントなどの取り組みも、３学期は完全に子どもに任せて、自分たちの力でやり遂げた、という感覚を持たせることも大切です。その中ではもちろん失敗することもあると思いますが、「先生の力を借りなくてもできた」「自分たちはもう先生がいなくても大丈夫！」という感覚を持たせることは、次の学年に向けての準備として必要なことだと思います。

【リーダーシップ】教師が焦りすぎない

前項で書いたように、１年間の計画の中でだんだんと子どもたちに委ねる時間を増やしていこうという意識があると、２学期初めや３学期初めという切り替わりのタイミングで、少しずつそれを始めていこうとすると思います。子どもたちに委ねる時間を増やしていくと、自分が思ったほど子どもたちが動けていない場合があります。また、次の学年への足音が聞こえてくる中で、目の前の子どもたちの姿が、自分の思ったように育っていなかったりするときに、子どもたちに対して、「もうすぐ○年生なんだから…」というような声かけをしてしまいたくなるときもあります。私自身も、そういう声かけをしてしまうことが多くありました。

しかし、こうした声かけは、子どもたちにとって良いことはありません。前項に書いた、「教師の存在感を消す」ということとは全く正反対のことをしてしまっているのです。これでは、教師に言われたからちゃんとやる、そういう子どもを育てていることに変わりはありません。

このような状況にならないためにも、教師が子どもたちに委ねる、指示を減らす、と決めたら、それをやり通す揺るぎない気持ちを持つことが大事です。「ぶれない芯を持つ」のところでも書きましたが、教師が揺らいでしまったり、昨日と今日で言ってることが違ったりすると、子どもは混乱をきたします。集団を束ねる教師として、一度言ったことは簡単に変えてはいけません。

急に焦ったところで、子どもたちはそんなにすぐには変わりません。これまでの積み重ねでしか子どもたちの姿は現れないので、自分が思った通りの姿になっていないということは、それまでの自分の指導が至っていなかったのだなと反省するべきです。

私も若いとき、次の学期は次の学年に向けたスタート（０学期）だから子どもたちへの要求のレベルを一段階上げてやってみようと考え、目についたことをたくさん指導しました。

その結果、子どもたちから「先生、急に厳しくなったね…」と言われてしまいました。毎日接している子どもたちは、先生の変化に敏感ですし、すぐに見抜かれてしまいます。

次年度に向けて慌ててできるようにするということではなく、こういう点をもう少しできるようになってほしい、ということを子どもたちに伝えていくことが大事なのではないでしょうか？

今すぐにはできなくても、子どもたちの中で意識されれば、次年度に向けて変化のきっかけになるのではないかと考えています。

集団の締めくくりだからと言って教師が焦らず、次の担任へとバトンをつなぐことが大切なのです。子どもの人生は続いていくのですから。

集団への感謝

最後に掲げたこの項目は、集団を束ねる教師のスキルとは少し毛色が違うかもしれません。

４月に集団としてスタートしてきて、１年間、1000時間近くの教室の授業、そして様々な行事を一緒に経験してきた仲間たちと、解散の日を迎える前に是非とも行ってほしいことがあります。

それは、自分が１年間所属してきた集団に対する、感謝の気持ちを伝え合うことです。

子どもたちにとって、教室・学級は、一日のうち多くの時間を過ごす居場所となっているはずです。こうした居場所は、自分ひとりでつくることができるわけではなく、それぞれ違う環境で育ってきた30人の仲間たちが、お互いの考えを擦り合わせながら、一つの集団をつくってきたからこそできた居場所です。

こうした居場所に対して、ずっとここにいたい、クラス替えをしたくないという気持ちが芽生えてもおかしくはありません。大好きな友だちと離れたくないという気持ちを持っている子もたくさんいるでしょう。

しかし、新しい学年に上がる前には、今の学年を終えるというステップを必ず踏まなくてはいけません。そのためには、離れ離れになるという経験も必要なのです。離れ離れになることは、さみしいことではありますが、いつかは経験しなければならないことです。このような終わりをきちんと意識させることで、今ある時間を大切にしよう、という気持ちを持つことにもつながります。

具体的な実践例として挙げられるのは、まずは「ありがとうカード」です。道徳の時間に「感謝」の内容項目で行ったりすることもありますが、一年間の最後のタイミングで、これまで助け合ってきたありがとうの気持ちを、直接言葉や文字にして伝え合うという活動は、お互いの存在を認め合う上でも、大切な活動になるのではないかと思います。

学期終わりなどにお楽しみ会を行うクラスも多いと思います。一年間の最後に行うお楽しみ会では、お互いへのありがとうの気持ちをこめて、「ありがとうまつり」などと設定して、お互いに感謝の気持ちを伝え合うためのゲームや、出し物を考えます。直接気持ちを言葉にして伝え合う時間を設けてもよいかもしれません。

このような**集団への感謝の場を大切にすることで、一年間、自分が所属してきた集団へのけじめをつけるとともに、次の集団へ向けた気持ちの高まりを持つ**ようにして、集団を締めくくります。

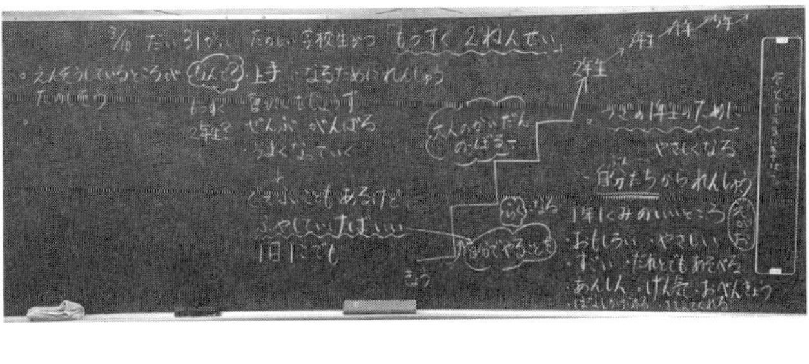

あとがき

世の中に学級経営の本はたくさんあります。本シリーズも、教育界のメジャーリーガー級の先生方ばかりが執筆しています。しかし、私も20年間自分の学級を運営してきたという点では、その先生方と同じ立ち位置です。日本中どこの学校でもそうですが、本を書いたり講演会を行っている先生方もいる一方で、そうした世界とは関係なく、日々子どもたちと向き合い、毎日同じ時間を過ごしている、そんな先生方の方が圧倒的に多いわけです。どちらが正解というわけでもないと思いますし、学級の数だけストーリーがあるのはいうまでもないと思います。多くの先行実践や経験の中で学んできたことを、「子ども集団を束ねる10の鉄板スキル」という観点でまとめてみようと考えて執筆したのが本書でしたが、いかがでしたか？

学級経営は、千差万別です。目の前の子どもたちが違うので、同じやり方がずっと続けられることはありません。初めはそうではないと思っていたところもありますし、目の前の子どもどもたちの関係を見て、これから先もうまくいくだろうと過信していた時期もありました。20年の経験の中では、十分に子どもたちの力を発揮させることができなかったり、ときには子どもと対立してしまったりしたときもありました。今思い返せば、「あのときこのような対応をしていれば…」と振り返ることばかりです。

でも、こうした失敗した経験は、その事例を外に出さない限り、またどこかで同じ経験が繰り返されてしまいます。学校は、個人情報がたくさんありますので、学校で起こったことをそのまま外に出せるわけではありません。しかし、これからも間違いなく続いていく教育という営みを鑑みたときに、私のような普通の教師の経験も必ず役に立つことがあると思っています。

こうして本書を締めくくることができるのも、これまでの担任してきた19のクラスの子どもたちと、その保護者の方々が、私を教師として育ててくれたからだと思っています。本書を執筆しながら、これまでの自分の実践を振り返ることができ、毎年少しずつバージョンアップやモデルチェンジを繰り返しながらやってきたんだなぁと改めて思います。心より感謝いたします。

長らく社会科を専門として研究してきた私が、学級経営の本を書くことになるとは思いもよりませんでした。このような機会が得られたのも、2023年２月に正頭英和先生と坂本良晶先生がスタートされ、世界中に500人以上の仲間がいるオンラインコミュニティ「EDUBASE」に参加したことがきっかけです。EDUBASEで知り得た世界中の先生方のご実践は、間違いなく私の教師人生を変えています。コミュニティ内でご縁をいただいた学芸みらい社の阪井一仁さんには、本書の企画の段階から懇切丁寧に粘り強くご助言いただきました。この場を借りて熱く御礼申し上げます。

最後に、本書の執筆を温かく支えてくれた妻と二人の子どもたちに、最大級の感謝を送ります。ありがとう。

この本が、多くの先生方の一助になることを願っています。

2024年10月　　柳　圭一

［主要参考文献］

- 赤坂真二．アドラー心理学で変わる学級経営　勇気づけのクラスづくり．明治図書出版，2019.
- 赤坂真二　畠山明大．クラスを最高の笑顔にする！学級経営365日　困った時の突破術　中学年編．明治図書出版，2020.
- 阿部真也．心理テクニックを使った！戦略的な学級経営．東洋館出版社，2020.
- 安部恭子・橋谷由紀．「みんな」の学級経営　伸びる　つながる　５年生．東洋館出版社，2018
- 有田和正．名著復刻　楽しい教室づくり入門．明治図書出版，2015.
- 安藤浩太．クラスがみるみる集中する！　スタートカリキュラムと教科をつなぐ　小１担任の授業術　遊びと学びでつくるPlay型授業．明治図書出版，2022.
- 川上康則．教室マルトリ-トメント．東洋館出版社，2022
- 葛原祥太．「けテぶれ」授業革命！子ども自身が学びを進める授業のつくりかた．学陽書房，2023..
- 坂本良晶．EDUGO RADIO ～日本の教育をもっとオモシロク～．Voicy
- 髙橋朋彦　古舘良純．学級づくりに自信がもてるちょこっとスキル．明治図書出版，2020.
- 田中光夫．マンガでわかる！小学校の学級経営　クラスにわくわくがあふれるアイデア60.明治図書，2020
- 土居正博．イラストでよくわかる！　漢字指導の新常識．学陽書房，2020
- 深見太一．対話でみんながまとまる！　たいち先生のクラス会議．学陽書房，2020.
- 古舘良純.　教室のミカタ.　Voicy
- 向山洋一．新板　子どもを動かす法則．学芸みらい社，2015.
- 渡辺道治．イラストで見る　全活動・全行事の学級経営のすべて　小学校２年．東洋館出版社，2023.

[著者紹介]

柳　圭一（やなぎ・けいいち）

千葉県公立小学校教諭、マイクロソフト認定教育イノベーター、Teacher Canvassador、日本社会科教育学会会員、日本公民教育学会会員、小学校社会科授業づくり研究会理事、EDUBASE CREW。

小学校社会科を中心に研究を進めて20年。

近年は、学級経営やICTにも関心を持ち、実践を続けています。

［分担執筆］

坂本良晶『授業・校務がより早くクリエイティブに！　さる先生の実践Canva』学陽書房．2024

小学校社会科授業づくり研究会『子ども教養図鑑　SDGs環境編』誠文堂新光社．2024

若い先生のパートナーズBooK ／ 学級経営

子ども集団を束ねる鉄板スキル10

GAKUGEI MIRAISHA

2025年1月5日　初版発行

著　者　柳　圭一
発行者　小島直人
発行所　株式会社 学芸みらい社
〒162-0833　東京都新宿区箪笥町31番　箪笥町SKビル3F
電話番号 03-5227-1266
https://www.gakugeimirai.jp/
e-mail : info@gakugeimirai.jp
印刷所・製本所　株式会社ディグ
企　画　阪井一仁
校　正　藤井正一郎
本文組版　橋本　文
装　丁　吉久隆志・古川美佐（エディプレッション）

落丁・乱丁本は弊社宛にお送りください。送料弊社負担でお取り替えいたします。

ISBN 978-4-86757-068-5 C3037

若い先生のパートナーズBooK

PARTNERS' BOOK FOR YOUNG TEACHERS

教室とは、1対30で勝負する空間。
教師は、1人で30人を相手に学びを創る世界に飛び込むのだ。
次世代をエスコートする「教室の責任者」である担任は、

・気力は眼にでる

・教養は声にでる

・秘められた感情は口元にでる

これらをメタ認知できる知識人にして行動人であれ。
その水源地の知恵が凝縮されたのが本シリーズである。

PARTNERS' BOOK
FOR
YOUNG TEACHERS